上海社科大师文库

吴蕴瑞全集

文章卷·下

上海体育学院 编

上海人民出版社

本册目录

（五）技术动作要领与练习方法

游戏规则

踢边球

布置:球场前后二十五英尺。左右之长可由人数之多寡而增减。球门线之长。约较一队全体队员携手成一排时之长多七英尺。比赛时两队队员携手立球门线上。

方法:每队各出一人至场中为运球员。每记分一次。以排列之次序轮流为运球员。其任务专以足运球至本队员之前。队员立将运来之。球踢过敌队之球门线,过则得两分(若从敌队之顶上过者,则得一分)。运球员踢球过己边或敌边之球门线。则敌队得一分。

规则:每队能向前进攻。唯不得过运球员线(在场中央前后分场为二)。过而踢球得分者。作无效论。于是便由裁判员发球再起。

踢球时手脱落者,虽得分亦无效。抵御敌队之球而脱手者。敌队得一分。唯两端之队员。可用游离之手阻球。

发球时裁判员将球从边上向中滚入。两方运动员即争运之。每记分一次,或犯规一次,或出界之后,均行发球。二十一分为一局。

发队球

场地:长四十呎。阔二十呎。网挂场之中央。高六呎半。高等二年级与三年级。则每边纵分二区。中学一年级。则纵分为四区。球落线上亦作在场内论。

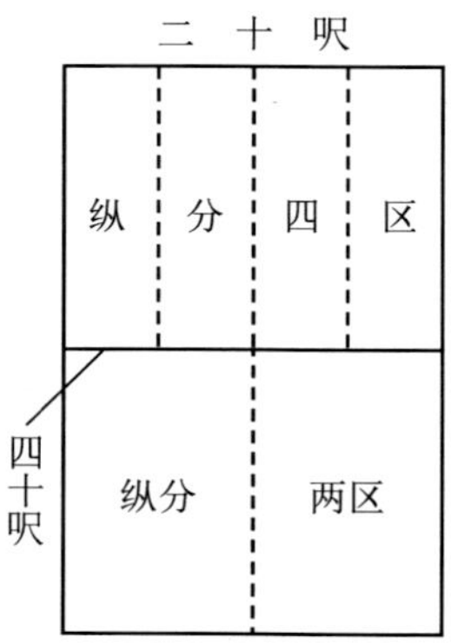

记分规则:高等二三年级发入第一区内得七分。第二区内得十分。中学一年级发入第一区内得三分。第二区内得五分。第三区内得七分。第四区内得十分。

发球:发球第一次未中。得发第二次。第二次未中。则再向他区发球(中学四区小学二区)。发球时裁判员指明何处为第一区。何处为第二区。第三区。第四区。各区均试过后。则总结其分数。若各区均不中。则与一分。

底线球

场地:大小无定。篮球场或较小之场均可用。在场之中央画横线一。分场为二,在两底线之内四呎各画横线一(如图)。

组织:游戏员分为相等二队。各选队长一人。队长择其三分之一队员为接球员。立对边之小区域内。其队员之三分之二为守卫员。立近边之大区域内。

记分:守卫员得球。球从敌队守卫员之头上掷过。而本队接球员接到。则得一分。本队守卫员掷来之球落地捡起者。及从敌队守卫员得者。不记分。

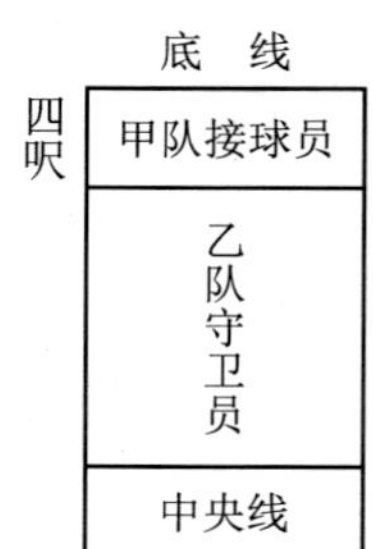

接球员得球(不论何种方法)。可再传与本队守卫员,俾得再有掷回之机会而得分。守卫员得球不记分。

犯规:球员越界作犯规论。有球之一边犯规。则球与敌队。无球之一边犯规,则与敌球一分。

执球而走者。亦作犯规论。罚法同上。

时间:正式比赛时间。分前后两半。下半时换位。

角球(篮球或足球皆可用)

场地:至少长二十五尺。阔三十尺。中央画横线分全场为二半。四角上各画一四方区域。

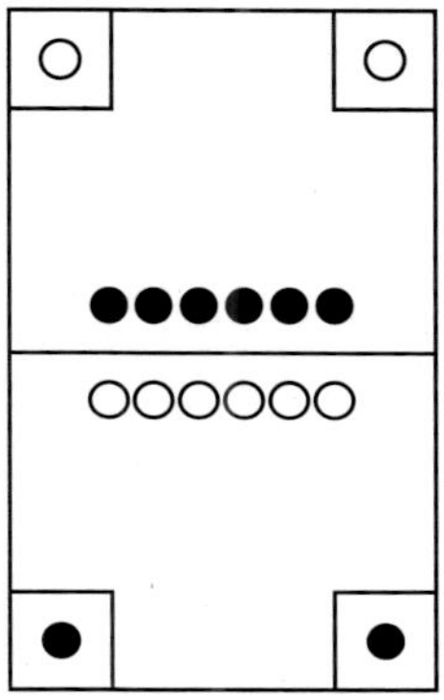

组织:分全体为相等二队。两接球员立对面之四方形中。余在近边为守备员。

目的:守卫员专以球掷与本队之接球员而希得分。

规则:各守卫员在场中各人无特别之界限。惟注意看守敌队之接球员。阻止敌队掷来之球。与掷球与本队之接球员而已。不论何人均不能过中线。球员越中线。作为犯规。无球之队犯规。则加一分与敌队。有球之队犯规。则球与敌队。守卫员进四方形。亦作犯规。为接球员得球必速回掷与本队守卫员。希掷回而得分。接球员亦不能出四方形之外。出四方形而接得之球不记分。

记分:接球员每接得球一次则得一分。二十四分为一局。

低网排球

序

低网排球原为广东青年会体育干事许君明辉所发明。念其发明之时,有用意在焉。低网排球为队球之变相。即谓之队球之初步。亦无不可。就发球而论,队球网高本为七呎半。而此则网高三呎以上。便发球员易于发过。即体格较矮之高等小学生亦可用。就接球而论。发来之球着地一次。接球一边即失败。而此则可着地一次。便于初学队者。亦便于高等小学生。当许君初教队球时。学者发球多半不中。接球亦屡失败。兴味索然。此球发明之后。学者莫不兴高采烈。闻者咸钦佩焉。

低网排球规则

球场

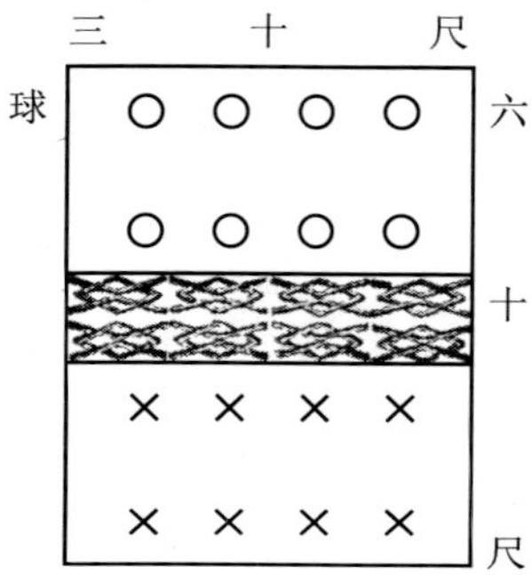

球场四周。宜限以清晰之界线。其线之粗。以二寸为度。界线各点。距界外墙壁等阻碍物。至少宜有三尺。场之两端界线。名曰终线。两旁之界线。名曰旁线。终线长三十尺。旁线长六十尺。中间以网。网下画一横线。与终线平行。将场分为两段。每段三十尺方是也。

低网排球游戏。需大圆皮球一枚。内为橡皮。外裹熟革。其周宜在二十五寸与二十七寸之间。与排球同。

注意:球场地面。愈平愈善。

网

低网排球场中。所设隔网。其广至少三尺。其长宜较场球之阔度。每边多一尺。网眼之大小足以阻球不能穿过为限。网横立场中。距二终线等远。且与之并行。或悬于墙。或扶以柱。其墙或柱。均宜在界线之外。网顶距地高五尺。宜与地面平行。

队员

两队人数必须相等。其数之多寡视球场之大小而酌定。凡正式之比赛。每队应有八员。分为前后两排(队员位置不必限平)。平常练习,每队三至十六人均可。

游戏时规则

游戏起始时。先发球之队即按其本队发球之次序。令第一队员发球至对区界内。凡发球者当继续发球。追评判员呼“失败”然后止。此后当由对区队员发球。规例如前。

队员如不按应得之次序而发球。即为失败。其发球时所占得之胜筹。亦当取消。

发球者所发之球。如不能不触人物。而至对区界内则为失败。每次发球。准恕其错误一次。

发球至网。触网顶而坠入对区界内。则曰网球。宜收回重发。

甲队发球至乙队界内时。准着地一次(不着地亦可)。乙队即须还击。第一人击后。亦准着地一次。继以第二人。但至多以着地三次为限。即须过网。若未着地。则可传击多次。但同一人。不得连击两次。球过甲队界内。亦同此例。

还击之球。如触网顶而堕入对区。则为无误。

占筹与失败

发球之队。如犯后列各条。则为失败。受球之队。如犯之。则发球之队占一胜筹。

（一）令球出界。

（二）执球在手(即片时停于手中亦不可)。

（三）球未死时以足过中线。或身之一部触网。

注:两对队之队员同时过中线或触网。则为死球。当重行再发。

（四）球尚在对区境内。乃越网而击之。

（五）执球或推球倚网。

（六）连击(无论球触网或出界。均不得连击。)

（七）以足踢球。

（八）身凭人物而升高击球。

（九）不按次序而发球。

（十）界内之球落地多过三次。

胜负

受球之队。如不能按例击球还入对区界内。则发球之队占一胜筹。先得胜筹至十五分数之队即获胜。一局至此告终。

（原载《体育季刊》1922年第1卷第1期）

游戏

落地弹

原名 Newcomb。美国格拉买孰 Kalamazoo 公立学校第七级及第八级二月份所用之游戏也。

场地

篮球或队球场可用,惟四周须有边线。在场之中央横挂一网或横系一绳,高八呎或六呎。横分场地为前后两半,如队球然。

球

篮球,足球,队球均可用。

组织

队员分甲乙两队,人数等否不拘,而其能力则须不相上下。两队共推裁判员一人,报某队所得分数。记分员一人,记载裁判员所报之分数。记时员一人,半时将终时,令停止比赛。每队各推队长一人,支配地位及指挥一切。

方法

裁判员令有球之一队发球。将球掷过网而使之落他队所立之场中。时敌队务由空中接得之，以同法掷远。若能落敌队场中，则得一分。至于地位之支配，则队员之短小者近立网下，高大者立网远处。裁判员报告得分时，可呼队长之姓如“王队一分”“李队一分”，以免错误。

犯规

人触网或绳，球从网或绳下掷过，或掷出敌队之场，均作犯规论。加敌队一分以示罚。

时间

长短不拘，上半时毕，则两队易位。中间欲休息与否从便。两时中得分多者胜。

（原载《体育季刊》1922年第1卷第2期）

武的游戏之价值

我国礼教，出自孔门，世所公认。然射御厕六艺之中，乡射必在争之列，足证古代文教，未尝专尚文而不尚武也。其后有一二专制皇帝出，愚民弱民，异想天开，冀达其子孙帝皇之目的，明太祖之创八股，清室之兴科举，其例也。人民不察，进其圈套。我赫赫黄帝之子孙遂日趋文弱，有江河日下之势而不可遏。下逮清季，则中华文弱之讥，举世得闻。丙午废科举，兴学校，当时办学之人才识不远，不能看出我国之极大缺点，首倡体育；虽办学迄今近二十年之久，而国民之文弱如故，观各地小学及中学之学生可知矣。视球畏如炸弹，登高如临深渊，比赛无勇气，临敌无斗志，稍挫则气丧，受伤则心灰，推其原因，皆数百年来文弱之风有以致之也。然矫枉过正，此为特例。文弱极，不得不救以尚武。此武的游戏之所以作也，至论其功用，则能使柔者化为刚，怯者变为勇，弱者转为强，文者进为武，体魄之苦痛能忍受，精神之挫折气不沮，救我颓风，雪我宿耻者，其在斯欤，其在斯欤。爰作此篇以与同志一研究焉。此后续登是类游戏数种，以供参考！

第一种

场地：成圆形，大小与人数为比例。若全体人数在三十左右，则圆圈之半径当为二十呎。

方法：分甲乙两队，一队佩带为记，两队队员各试将他队之人推出圈外，有时一人之力不足，可二三人合力推之，至被推者两足均出圈外而止。如是则被推出者作为出局。

时间:二分或三分,不能过长,因太激烈也。在此时间之终,留在圈内多者胜。

职员:记时员一人,时间终了则令停止。裁判员两人,立圈外,裁判出界与否。

第二种

场地,职员,与第一种同,惟方法稍异。两队中之一队为攻者,一队为被攻者。攻者法不限于推,拉拖亦准,惟不得出圈外拉人。有遇是种行为,虽拉出圈亦无效。如是将敌对人完全推出,记时员记其时间。继两队交换,如法行之,亦记其时间。能留圈内时间长者得胜。

(原载《体育季刊》1922 年第 1 卷第 2 期)

武的游戏

驱敌出境

第一种

十至六十人。

设备:粗麻索一条,置篮球或队球场之中央,与终线平行。

方法:全体分为甲乙二队,各布终线上,面向中央,俟裁判员令发,则各队员竞向索奔,将索提起,向前推迫,竞将敌队推出终线外,出场者败。

胜负决赛:一队连胜两次者胜,第一第二次互有胜负,则第三次胜者胜。

第二种

人数,设备,方法,胜负决赛,与第一种同。惟驱出之法改推为拉,即将敌拉出本边之终线者胜。

竞夺锦标

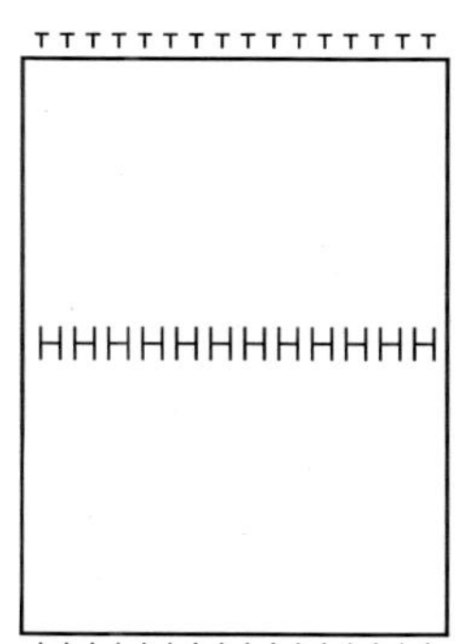

二十人至八十人。

设备:木棒数十根,等于全体人数之半,纵列篮球场或队球之中央,如图。

方法:全体分甲乙两队,各布终线之后,面向中央,俟裁判员令发,则竞向前进抢棒,得棒可速回终线之后,未得棒者,追敌队之得棒者而夺之,夺得之后,失棒者不得再行夺回,如是至裁判员令停止而止,然后数队之得棒多者胜。裁判员须具有马表一个,自开始至停止共需一分钟。

胜负决赛:一队连胜两次者胜,若第一第二次互相胜负,则行第三次决赛。

马上交锋

第一种

二十至六十人。

组织:全体排成单行横队,报数,由中央分为高低二队,于是各队行报数,两队中之同数者合为一单骑。(体高大者为马,矮小者为将),布列场中。

方法:裁判员令发,则战事开始,各将敌将拖下战马,则敌将败北,有时两将可合攻一人,或数将合攻一人,亦无不可,惟战时须用双手,勿得以一手牵马,稳固其身,犯此者作败北论,如是最后一将能保持不下马者胜。

第二种

组织:全体分为甲乙二队,每队推队长一人,何人为马为将,及何时出站,悉由队长派定。

方法:两敌骑立场中预备,令发则战,下马者败,于是各队更易一骑出战,如是队之得胜多者胜。

第三种

组织:同第二种。

方法:如第二种。惟第一次比赛之后,各队胜者再行比赛,如是,最后之得胜者属某队,则某队胜。

滚地球　Scrimmage Ball

设备:药球一个。

场地:篮球场队球场均可用,其终线即为球门线。

组织:全体分为甲乙两队,每队再分其半为冲锋,立球门线上,半为守卫,立球门线后,球置场之中央。

方法:裁判员鸣笛,冲锋向球前奔,以一手推球,过敌队之球门线,守卫见球至,可以一手推出之,不得用两手,足尖不得进球门线,球进门,则复置场中发球,惟守卫与冲锋对调。

犯规:打球、推人、挤人,用两手推球、掷球、踢球、球下落时打球,皆作犯规论。

处罚:在犯处自由推球。

时间:每次十分钟,共两次。

攻城

十人或三十人以上。

场地:运动场或健身房。

组织:全体推出队长两人,由队长交互拣选其余队员为相等二队,后即排为相对之二单行横队,中距十二呎,携手而立,队作为城,腋下为门。

方法:队长提出一人攻城,冲散敌队之门,或由腋下穿过亦可,成则归原队,并俘脱手之两人归,以厚其本队之力。如一处不破,再试他处,至多可试三处,倘终归失败,则归敌队。于是他队长亦派一人,如法出攻,至一队完全被俘则一局终,而俘人之队全胜。遇人多时,一队可派二人以上出攻,俾得速终一局。

一队员被俘,则伍间增加于他队之中。二俘不得并立,并宜尽力守城。

凭河

五至六十人。

场地:运动场,健身房,教室。

设备:在地上划线两条,国民小学一年级儿童,则相距二呎,作为小河(宽窄视学生之能力而定)。

方法:儿童相率而跳过小河,过者则向侧后转,由河之他部立定跳回,在此两次中有一次未能跳过者,作为堕水,回家更衣,无形出局。此后每次增河之宽(另划一线),至某最阔之点,而有少数儿童能跳过而止,此少数儿童作为胜利。

柙兕奔逸

场地:运动场。

组织:全体携手成圈,择一人为兕。

方法:为兕者冲脱携手,或从腋下穿出圈外而逸,于是圈上人皆脱手逐之,孰能追及之者,代为兕,立圈中,如法行之。有时方法可稍变更,即圈外加助手一人,举圈上人之臂,或拆圈上人之手,助其脱逃,兕出圈后,两人同逸,如法追之,有拍得之者,代为兕与助手。

轧棉花

十人至六十人。

设备:在地上划一圆圈,大小与人数为比例。大概十人则其直径为十呎,二十人则为二十呎,余类推。

组织:全体分二队,相间成立圆圈(即一数为甲队之人,二数为乙队之人,三数为甲队之人,四数亦为乙队之人,余以此类推),互相携手,立所划之圈中,队员各试将敌队之人排出圈外,方法不拘,腿膝兼用,有一足出圈外者,即行出局,如是,将他队之人完全排出,则胜利归之,遇人多之际,裁判员规定时间,时至而能留圈内多者,得胜。

(原载《体育季刊》1922年第1卷第3期)

武的游戏(续一)

斗鸡

是本国游戏也，性质属武，故采之。

设备：在场之中央，划平行二线，相距六呎，其长短以人数之多寡而定。

方法：全体分为甲乙二队：面相对而排列于二线内，各内屈左小腿，而以右手在足背提之，待评判员令发，各试以膝将对面之队员撞出线外；或以屈起之腿压其腿而使之下地。故出线外或屈腿下地者，作为失败。

失败之后，出线外。如是比赛，至各对尽决胜负而止，队之得胜多者胜。

游离之手可行推之动作，拉则不准，有犯之者，作失败论。

又法：分队同前，各举队长一人，选配队员，于是各队出一人比赛。分胜负后，再易他人，如是至全体比完为止。队之得胜多者胜，又胜者转相比赛，最后之得胜者，可独得锦标。

援溺

设备：同上。

方法：甲乙二队，面相对而排列二线之中，闻令发，各试将对面之他家队员拉出线后，其手足之位置如下。

（一）左小腿后屈，左手攀之，以右手握对队员之右手。

（二）右小腿后屈，右手攀之，左手握对队员之左手而拉。

（三）左小腿后内屈，右手攀之，左手握对队员之左手而拉。

（四）右小腿后内屈，左手攀之，右手握对队员之右手而拉。

由以上四法得行四种之比赛：设拉出或足下地者失败，每对分胜负之后，则出立线外，停止比赛，俟全体尽决胜负后，数队之得胜多者胜。

又法：甲乙相等二队，各选出队长一人，各择一人出而比赛。甲队之人胜，则一队之人归甲队，乙队胜亦如之。比赛终，人多之队即得胜利，胜者转相比赛，可比出独得锦标之人。

虎穴得子

是属本国游戏，而有武的性质者也。有养成机敏初等协合之功用。以小学五、六年级，中学一二年级学生最为合宜。

设备：场中划圆圈数个，依人数之多寡而定。大概四五人合一圈，以此标准类推，石子或小木块数十个，每组三枚。

组织：每组至多不得超过五人，一班有二三十人，则按此标准而分。

方法：每队选出一人为虎，他四人为抢者，虎伏圈后，两手撑地，有来抢子者，则以任何一腿踢抢者之足；或任何部份，被踢者代为虎。

踢人时至少须有一手着地，双手离地触人，虽着亦作无效。虎之手不得入圈内，犯之者罚去一子。

惩罚：虎子连续三次抢去，则行“猜四方”法，被罚者双臂左右平举而立。一人从后方以两手掩其目，两人在侧扶其手而旋转一二周，使其面正对一方而猜之。猜中则再猜他方，俟四方悉中后，由余四人中择一人为虎，如法行之。

夺要塞

设备：在场中画圆圈一个，其半径之大小以人之多寡而定。大概全体为三十人，则圈之半径当为六呎，人数增减，则圆圈亦微增减。

方法：分全体为二队，人数相等，闻令发，各从圈外入圈中，将对队之人推出；或拉出圈外。如是交战三四分钟，发令停止，人在圈中多者，胜利。

又队员之两足均在圈内，方得为得胜之人，一足在圈外者无效。

鳖斗

设备：垫子两个，两端相接而纵铺地上（如图）。二垫中央画平行二线。名胜负线，相距三呎；或四呎，若无垫子则在草地亦可。此外备长五呎之布带一条（宜粗大可不致切伤颈部），结成一圈。

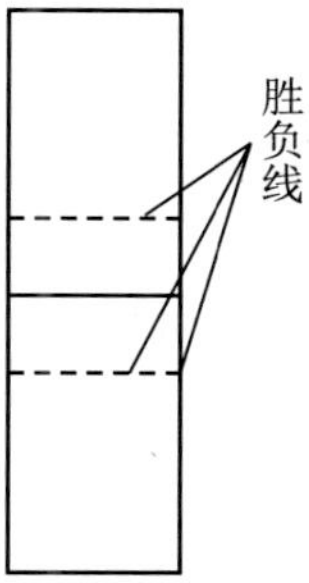

组织：全体分相等二队，各举队长一人，选配比赛人员。

方法：两对队队员相对而伏于垫上，以布带圈套两人之颈中，两人之手距胜负线须相等，闻裁判员令发，则各试将对手后拖，若能将对手拖过己边之胜负线，则为胜利。全体比赛毕，队之得胜多者胜，转相比赛可比出最后得胜之人。

野马

人数宜多。

设备：马表一只，无马表则普通时计亦可用。

组织：全体分为二类，一为马；一为人。马由三人合成，三人中之身长者为首，直立，高矮适中者为躯，以双手抱为首者之腰。最矮者为臀，以双手抱为躯者之腰，同时弯体向前，肩接其背，人与马为二与一之比例。少之亦可，惟每一马不得过两人之分配。

方法：人能抱为臀者之腰，即作上乘论。惟马四方奔走，且为首者可以两手阻当之，为躯者可用两足左右踢之；为臀者亦可用足后踢以阻上乘之人。如是欲赖个人力量上乘，颇不容易，故得由三人或两人合力为之。乘上一马，再乘他马，至每马皆被上乘为止；于是为首者为人，上乘者为臀。如法行之。

又法：分相等二队：一为马；一为人。分为两起，一起骑毕，他起继之。裁判员宣布每起试骑若干分钟。然后鸣笛开始，时间完，则记被骑上之马数，他起继之。在同时间内得骑上几马，总计两次之马数，此后两队交换，如法行之。终比较其被乘之马数。多者胜利，是法以马数而分胜负者也，若以时间为分胜负之标准亦可。法第一起骑完全体之马费时若干;加第二起之时间而总计之,与他队之总计比较,费时少者得胜。

(原载《体育季刊》1923年第2卷第1期)

武的游戏(续二)

马上传球

人数:多少不拘,惟须双数。

组织:全体依高矮排成一列,一二报数,一数为马,上体前屈,手撑膝上,二数立一数后为乘者,各上乘排成圆形。

方法:一乘者执球预备,闻令开始,相互传球。此时马百计使乘者接球不得,左右转体,弯体,摇动等,皆可一试。惟不得起体及走动。有一乘者将球落地,则乘者下马奔逃,为马者拾球呼曰,立停,乘者宜服从勿动,于是以球掷乘者,不中则复上马,传球如前,中或乘者移动位置,则人马易位,再上乘传球。

注意:球不能久停手中,随接随传,此为要事。

去冠

人数:多少不拘,惟须偶数。

组织:分全体为甲乙两队,每队举队长一人,选派比赛人员。

方法:每队排出一人比赛,各戴帽一顶,其式须相仿。评判员鸣笛开始,则竞将对队员之帽攘去,有能之者,作为胜利,于是再换两人,如法比赛,队之再得胜多者胜。若胜者转相比赛,则可比独得锦标之人,此人属某队则某胜。

羊斗

人数组织与前种同。

方法：每队选出一人，立直径八尺之圈内，各以手在胸前相交（如图）[①]。并以一足离地，闻令开始，则将队员尽力撞出圈外，出圈外或足下地者失败，于是再择二人如法比赛，至全体赛完，则队之得胜多者胜利，胜者互相比赛，亦能比出独得锦标之人，属某队则某队胜。

角力

人数组织同上。

方法：每队各派出一人比赛，各以右手从对队员之左肩上，以左手从腋下抱之，各试对队身体举起，能之者胜利，于是再择二人如法比赛，胜者转相比赛，亦可比出独得锦标之人，属某队则某队胜。

抽屉

人数组织同上。

方法：在场中划一横线，每队各择出一人比赛，两人对面而坐线之两旁，足尖相抵，各执对人之腕（或如图所用之铁圈两个，中连以皮带亦可）。两人用力后拉，将对队员拉过线则胜。于是再易两人比赛，全体赛毕，则队之得胜多者胜，胜者转相比赛，可比出最后得胜之人，属何队则何队胜。

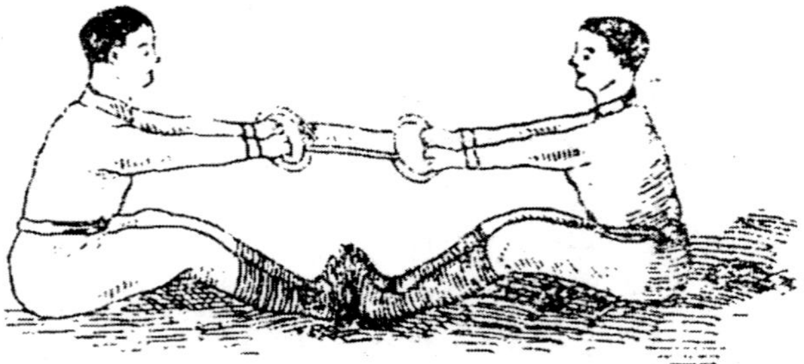

① 原稿图缺失。

推棒比力

人数组织同上。

设备:场上划横线一条,作胜负线。

方法(一):每队派出两人比赛,立胜负线之两旁,面相对,四人同执一棒,棒与胜负线平行,俟公正人令发,则用力前推,能过胜负线则胜,至全体比赛毕,队之得胜多者胜。

方法(二):每队各派出一人,面相对而立于胜负线之两旁,如图所示者执棒,俟令发,则向前推,过胜负线则胜,如是队之得胜多者胜。

方法(三):每队派出一人,面相对而立胜负线之两旁,两人同夹两棍于腋下预备(如图所示)。俟令发,则两人用力向前推,过胜负线者胜,至比赛毕,队之得胜多者胜。

触电针

人数:二十人以内。

组织及设备:全体携手成圆心,中立棍棒五六个,散在圈中。

方法(一):圈上各员用力迫其邻触棍,触到者作为触电而死,出圈外,至末后只余三四人,则此三四人为得胜者。

方法(二):全体分两队,相间而立成圆圈,本队之人各用力迫其敌队之人触棒,触到者出圈外。如是使对队之人完全触电针则胜。

(原载《体育季刊》1923 年第 2 卷第 3 期)

篮球之预备游戏[①]

篮球之为游戏也，规则复杂，方法繁多。非逐条分析练习，不能得其妙；非从基本入手教授，不能启其巧。初学者，往往以接球传球之不易，运球投篮之难准而停止习练。其补救方法，惟有从非正式游戏（Informal Game）入手，使学者循序渐进而得为正式之游戏（Formal Game）。课余之暇，编述篮球之预备游戏多种；既可引起学者之兴味，又可藉以练习传球接球投篮诸方法。于篮球前途，大有补益；一举两得，莫此为尚。现篮球季候将至，各学校之需此真殷，用敢披露，以供参考。

一、触球（甲）

设备：篮球一个。

人数：十人至四十人。

方法：使全队成一圆圈，面向内。选一人立圈内，做触球人。其余诸人，以球互相传递，勿为圈中人之手所触。圈中人之目的，在触得他人手中或空中之球。如球为圈中人触得，则球最后自何人传出，或在何人手中者，此人即出而代之。

目的：使学生练习各种传球抢球方法，养成敏捷及机巧之动作。

二、触球（乙）

方法同上。惟传球时，接球者若不能将球接住，亦须出而代替中间触球人。

---

① 本文由吴蕴瑞、张维健、吴澂三人合著。

目的:养成学生接球之技能。

附注:触球人视全队人数之多寡而定之。

三、撞板球

场所:篮球场

人数:十人至四十人。

方法:分全体为两队,分布篮球场上,用篮球一个,在场之中心由两人跳球。开始后,两队任意抢球,与玩正式篮球时同。每队的人,若能将球掷中对面之篮球板,即作胜一分,再于中间行跳球。结果视何队得分多者为胜。

目的:使学生练习掷球方向。因初习篮球者,不善丢篮;若定要入篮计分,则学者兴味必减。

(原载《教育与人生》1923 年第 7 期)

篮球之预备游戏(二)

四、运球入篮比赛

设备：篮球两个。

布置：如第一图：

第一图

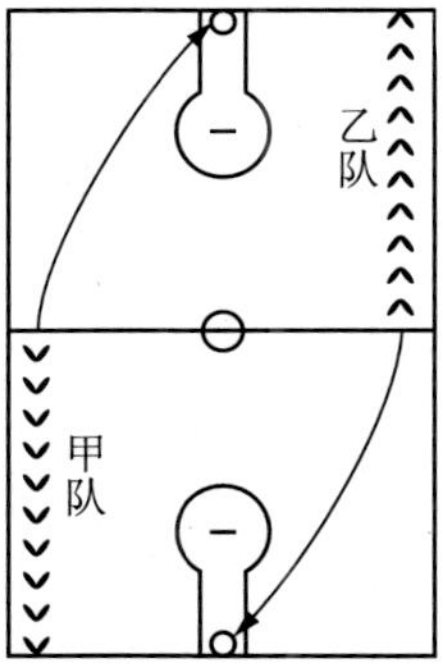

方法：两队之第一人，各持篮球预备。公正人吹笛后，二人运球至对面篮架丢篮：第一次不中，行第二次；第二次不中，行第三次；第三次不中，即运球回来，将球传与第二人，第二人如法行之。先毕者胜。

规则：

（一）将球传人的时候，不可用远传法，当用持球送人法。

（二）丢篮次数，由公正定之。但第一掷，球即入篮者，即可运回。

目的：练习运球及丢篮法。

五、人篮球

人篮球之设备，布置，方法，规则等，大概与正式篮球相同。其不同之点如下：

（一）人数可多至二十人。

（二）每队出一人立于对面罚球区域内(观第一图),此人名之曰人篮。

（三）能将球传给自己之人篮一次,得一分。

（四）无论何队球员,均不得进罚球区域以内。

（五）犯侵人规则者,负一分。

（六）犯技能规则者,将球给敌队在犯规处掷球。

（原载《教育与人生》1923年第8期）

篮球之预备游戏(三)

六、相对传球比赛

设备:篮球两个。

人数:二十人至六十人。

方法:分全体为甲乙两队,各队再分为两组,每组相向而立,中间相距二十至二十五英尺。各队第一人取一篮球预备,口笛一鸣,各队第一人即将球传与对面第一人,此人接球后再传与对面第二人,如是依次传球,以何队先毕为胜。若遇人数少时,则传至末一人后,可反复再传至第一人。有时教员可说明须往返传递几次,始可停止。但传球不依次序者,以失败论。若球未接住,则拾球后须到原位始能传与他人。

目的:使学生练习传球之方向,及熟练传球与接球之技能。

备注:本游戏可用各种不同之传球法,变为多种游戏。

(一) 单手臂下传球法(左手或右手);

(二) 单手臂上传球法(左手或右手);

(三) 双手头上传球法;

(四) 双手胸前传球法。

用此种比赛,使学生练习各种传球的方法,则学生兴趣必浓,定能事半功倍。但教员说明用何种传球法比赛时,学生不得混用他法,俾养成学生对于此种传球法的明确之观念。

七、替换传球比赛

设备:篮球两个或三个。

人数:十人至四十人,再多亦可。

方法:以人数的多少,分全队为两组或三组。每组分开成弧形站立,先推一人为发球者,持球在弧形前二十或二十五英尺处相对而立。开始时,发球者将球传与第一人,此人仍以球掷还发球者,发球者再传与第二人,如是依次传递,待传至末一人时,末一人不再传回,即持球驰至发球人的地位为发球人,发球人则驰至第一人之左旁,接后来发球人传来之球而掷还之,此时全体皆向右移动一步。如是继续进行,至各人皆做过一次发球人为止,以何组先毕者为胜。

目的:使学生在各种不同的方向传球至目的地,可练习传球方向的正确。

备注:同上。

八、靶子球(甲)

设备:篮球一个。

人数:五人以上。

布置:选一人作靶子,余为打靶子者,散立场上。

方法:打靶子者,手执篮球,闻动令后,即将球向靶子打去。如球被靶子接着,则与打靶子者交换地位,故离靶子太远时不宜打去。当传球与较近者打之,作靶子者,当逃避极速,不使打者,并宜注意抢球机会,得行交换。

规则:(一) 接到球后,当先立定,然后打靶子或传球。

(二) 打者所发之球被靶子接着,则当交换地位。

目的:养成学生接球,传球,抢球之技能。

九、靶子球(乙)

此法靶子与打靶子者非固定的。抢到球时即为打靶子者,不抢到者多是靶子。

目的:养成学生各种抢球及接球法。

附注:人数多时,用数球亦可。

（原载《教育与人生》1923 年第 9 期）

篮球之预备游戏(四)

十、保守球　Keep Ball

设备:篮球或足球一个。

人数:多少不拘。

职员:裁判员记分员各一人。

方法:全体分相等两队,以衣服或红绿带为两队之分别记号,俾裁判员易于认明。两队混合立场中。一队中之一队员执球预备。闻令后,即向本队队员传球。本队员由空中得之,则得一分。裁判员即报告红队或绿队所得分数,记分员记之。如所得之球由他队队员传来者,与由地上拾起者,皆不记分。裁判员须随球奔跑,以免错误。

规则:不能推人;不能带球行走。违者,球给他队。

目的:练习空中传球及接球等方法。

备注:是游戏最剧烈,时间不能过长,以十分至十五分为度。

十一、场端球一名底球　End Ball

设备:篮球或足球一个。

人数:三十至五十人。

场地:篮球场。其所分区域,详下图:

乙队接球员区
甲队守球员区
乙队守球员区
甲队接球员区

方法：

（一）队之分配：全体分相等两队，各举队长一人。队长择队员之三分之一为接球员，立接球区内，余三分之二为守球员，立守球区内（两队之分配方法悉按上图）。

（二）传球方法：发球时，两队长立场中横线之中央，行跳球。一队之守球员得球，则由他队守球员之头顶上传球与本队接球员，接球员从空中得之，则得一分。此时得再传与本队守球员，以得再传回之机会。惟守球员得本队接球员传来之球，不算分数。如是互相授受，以得分多者为胜。

规则：不得越界。有球之一队犯之，则球给他队；无球之一队犯之，则他队得一分。接球员越界得球，非特不得分，并受越界处罚。带球行走，球给他队。

（原载《教育与人生》1923年第10期）

篮球之预备游戏(五)

十二、角球 Conner Ball

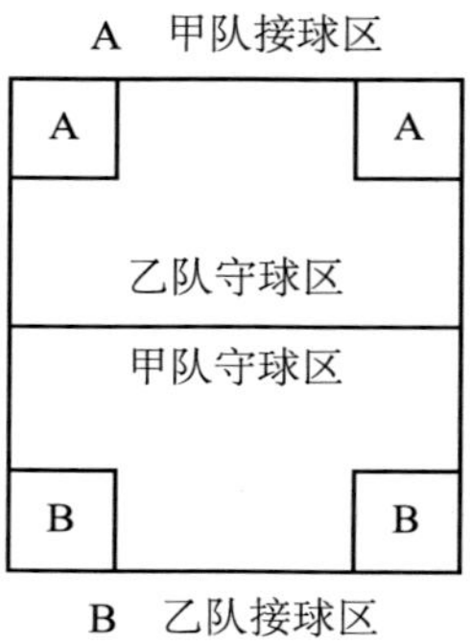

设备:篮球或足球一个。

场地:在篮球场之四角划长十尺,宽六尺之长方区各一个,为接球区域。场中划横线一,与端线平行,横分场为两半(如图)。

人数:二十至三十人。

方法:

(一) 队员之分配:全体分甲乙两队,各派两人为接球员,按图立接球区域内,更派两人为守球员,立自己之守球区内。

(二) 发球:两队各选一人立场中横线之中央行跳球,法与篮球同。

(三) 传球:一队之传球员或守球员得球,皆可互相传球,或向接球员传球。接球员亦得向传球员守球员或他一接球员传球。

(四) 得分:接球员在长方区域内从空中得传来之球,则得一分。

以同方法得他一接球员传来之球,则得两分。

规则:

(一) 出界:

1. 将球抛出边线或端线外;

2. 执球而足在边线或端线外；

3. 执球而足在边线或端线上。

以上三种，皆作出界论。甲队将球出界，乙对从出界之处丢自由球，传与守球员或传球员，惟不得传与接球员。

（二）越界：

1. 传球员或守球员越中央线。

2. 守球员入接球区域。

3. 接球员出接球区域。

有球之队越界，球给他队；无球之队越界，负一分；接球员越界，非特不得分，并受同样处罚。

（三）死球　Dead Ball：

1. 发球之前；

2. 两人同时执球；

3. 接球员得球，不算死球，可向传球员、守球员或他一接球员传球；

4. 带球行走球与他队时。

在第二项死球，则两人在球死之处行跳球。

（原载《教育与人生》1923 年第 11 期）

篮球之预备游戏(六)

十三、运球替换赛跑(甲)

人数:十至四十人,再多亦可。

设备:篮球两个,跳高架或棍棒两具。

方法:分全体为相等二队,纵列篮球场一端底线之后,即以底线为起跑线,在对面底线上,竖跳高架两个。预备时,每队第一人持球立于起线之后。一闻号令,即向前运球,绕过跳高架后,再运至出发点;先将球用双手接住,然后交与第二人,如法行之。以何队先毕为胜。

目的:练习运球及运球后将球接住之方法。

备注:本游戏因运球法之不同,得变为多种游戏:

(一) 右手继续运球法;

(二) 左手继续运球法;

(三) 双手交替运球法。

十四、运球替换赛跑(乙)

设备:篮球两个。

方法:将全体人数分为二队,每队绕成圆形,面向内,各队第一人皆持球预备。公正人吹笛后,即运球绕圈外一周,至原位时先将球接住,再交与第二人,如法行之，以何队先毕者为胜。但于运球时，圈子不能缩小，能于地上划出等大之石灰圈尤佳。

目的及备注：同上。

（原载《教育与人生》1923 年第 12 期）

篮球之预备游戏(七)

十五、运球掷梭赛跑

人数设备:同上。

方法:分全体为两队,每队再分为两组,相对立于篮球场两端底线之外,如图。每组之第一人持球预备。警笛一鸣,即运球向前,至对面底线时,将球捉住,交与对方第一人;此人运球前进,交与对方第二人;如是往返递传,以何队先毕者为胜。若遇人数少时,教员可说明须往返几次,然后停止。

目的及备注:同上。

十六、运球绕物赛跑

人数:十人至四十人。

设备:篮球两个,棍棒六根。

方法:分全队为二或三,纵列一端底线之后。每队前列棍棒三个或四个,每个相距六七呎。每队第一人持球预备。闻令后向前运球,由各棍棒间曲折绕圜向前,再曲折绕回,至起线时,先将球捉住,再交与第二人;如是如法行之,以何队先完为胜。

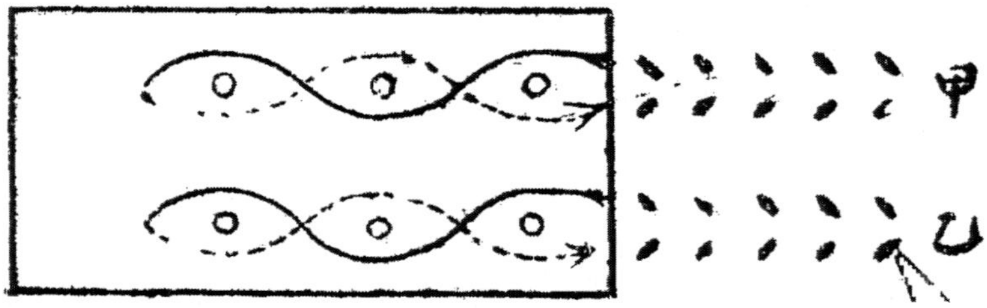

目的:养成曲折运球之技能。此种技能于比赛时非常重要,因于运球时若遇敌人对面来抢,可用是法运至旁面,则仍可继续进行,不致被人阻碍也。

备注:同上。惟棍棒之多少,及距离之长短,可以运动员之程度而增减之。

十七、丢篮比赛(甲)

设备:篮球二个。

人数:多少不拘。

职员:裁判员二人,计时员一人。

方法:分全体为甲乙两队,分立于篮球场之两端。两队各出一人,持球立于自己篮架下。裁判员发令后,即向篮丢球。在规定之时间内,计二人丢球进篮次数之多寡,定二人之胜负:多者为胜,少者为负。负者归于胜之一队。再行第二人比赛。结果以人数多之一队为胜。

目的:养成丢篮之技能。

附注:丢篮时间由裁判员定之。裁判员视运动员之多寡,定时间之长短。惟最长不宜过一分钟,因此种运动非常剧烈故也。

十八、丢篮比赛(乙)

设备与职员与(甲)同。方法之大概亦相同,惟丢篮时当立于罚球线上行之。在规定之丢篮次数内,丢球进篮之次数多者为胜。

附注:丢篮次数;三次或五次,视人数之多寡而定之。

十九、传球比赛

设备:篮球一个。

人数:二十人以内。

职员:裁判员二人:一记甲队所得之分数及犯规;一记乙队所得之分数及犯规。

规则:与正式篮球规则同,惟不丢篮。犯侵人规则时,犯队员一分,行中圈跳球。

方法:分全队为红白二队,散立于篮球场上。初在中圈行跳球,任何队得到球后,能于自己球员内,继续传球达到三次者得一分,四次二分,五次三分。至五次时再行中圈跳球。

结果:得分多之一队为胜。

目的:练习传球抢球之技能。

附注:球触敌人之手,而不被敌人抢去者,亦为一次传球。此游戏不必一定在篮球场上行之。

(原载《教育与人生》1924年第13期)

篮球之预备游戏(八)

二十、掷远篮比赛

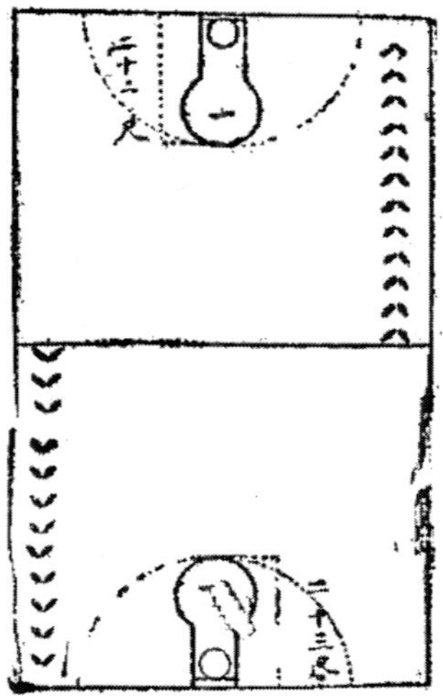

设备:篮球两个。

布置:以边线之中心为圆心,作一半径二十三英尺之半圆,为丢篮界线;又在场之中央作一横线,与端线平行,横分球场为两半,为发脚点。

方法:全体分相等二队,如图之排列;两队之第一人,各执篮球预备。闻令开始,各运球至对面篮架下半圆界上而丢球;丢中,则运球回,传球与第二人,第二人如法行之;不中,则再行丢篮,远近不拘,但须丢中后方得将球运回。如是先完者胜。

规则:

1. 球传与第二人时,不得在远处传与,须用持球送人法。

2. 第一次丢篮,足须在半圆外;如足入圈中,得令其再试。

3. 丢过合法远球一次,方准在半圆内丢篮。

目的:是游戏之目的,在练习丢远球及接板上弹回之球,再丢一次近球。教者须申明是旨,俾学生练习此种动作。

廿一、运球闪避比赛

设备：篮球一个，人多时两个。

场地：用篮球场，惟中央划一横线，横分球场为两半。

方法：

(一) 队之分配：全体分两队，人数相等，人多时，一队更分为甲乙两组。一队队员相继为运球员，他队队员亦相继为抢球员。

说明：由(1)之部位，上体向左转二分之一，左腿向左绕半圆，右腿不移动，同时掷球于地上；经(2)之部位，再向左转体四分之一，右足向前进一步，其时右腿不移动，以右手运球。若由(1)之部位向右转体，则手足适相反。

(二) 开始方法：抢球者立端线外，面向场中；运球者执球，立端线内，面向场外。闻令开始，则运球者依上图所表之方法，向后运球；抢球者追而拍之，若于场之中央横线内拍到，则运球归抢球之一队；若不能拍到，则抢球者归运球之一队。究毕后，两队交换运球及抢球。

(三) 决胜负方法

1. 以运球之一队为标准，或以抢球之队为标准，比较其人数之多少定胜负。故两队运球及抢球皆做过后，方能比较。

2. 一队抢球，一队运球，即比较其人数而定其胜负。

（原载《教育与人生》1924 年第 14 期）

篮球之预备游戏(九)

廿二、传递掷篮(甲)

设备:篮球两个。

人数:十人至四十人。

方法:分全体为二队,在距篮二十尺处向篮纵列,如图:

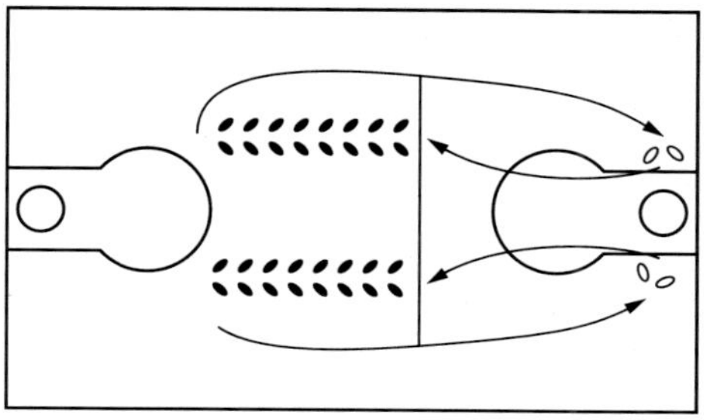

每队第一人持球预备,一闻动令,第一人将球由头上传与第二人,第二人传与第三人;如是依次传下,至末一人时,则将球运向前面掷篮。第一次不中,再掷第二次;第二次不中,再掷第三次;但第三次掷过后,无论中与不中,可以将球运回,交与第一人如法由头上传递向后;此时掷球之人立于第一人之前,而全队均向后退一步。如是继续行之,以何队先毕者为胜。

目的:练习运球及掷篮。

备注:掷篮之后,须将球运至第一人前,先把球捉住,再交与第一人,不准掷篮后即将球用远递法传与第一人。初学者不用运球亦可;即末一人得球后,持球奔前掷篮,掷完后再奔向传与第一人。

(原载《教育与人生》1924年第15期)

篮球之预备游戏(十)

廿三、传递掷篮(乙)

方法与(甲)同,惟预备时全体两足开立;闻动令后,第一人将球由胯下传至第二人,如法依次传下,至末一人运球向前丢篮,以何队先毕为胜。

备注:同上,惟球须由各个人用手传递向后,不能在地上滚向后。

廿四、传递掷篮(丙)

方法同(乙),惟第一人闻动令后,可将球由足间滚向后;末一人接到后,做上述动作。

备注:滚球时不必每人定要触球,惟有时球由何人之前滚向外面者,须由此人拾回,再由胯下滚向后方。

廿五、传递掷篮(丁)

方法同(乙),惟第一人由头上传与第二人,第二人由胯下传与第三人;如是上下相间传递,至末一人接到后做上述动作。

备注:有时教员可说明不论掷篮几次,必须中篮后始能将球运回。

(原载《教育与人生》1924年第16期)

篮球之预备游戏(十一)

廿六、传递掷篮(戊)

人数:十人至六十人。

设备:篮球两个。在篮下划一十五尺之半圆于球场上。

方法:分全体为二队,每队再分为二,相对站立,如图:

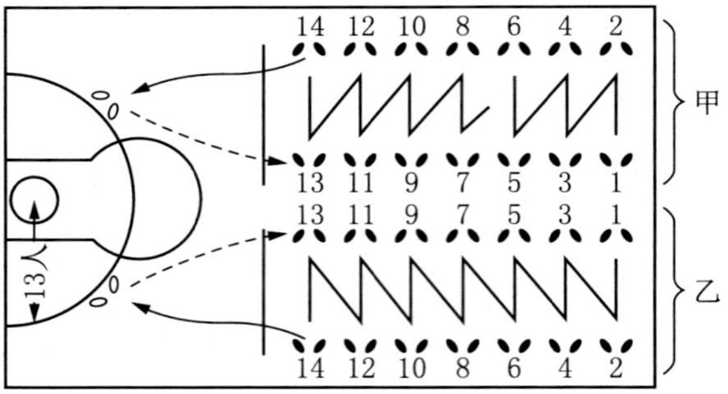

各队第一人先持球预备。既发令,第一人将球传至对面第二人,第二人传至第三人;至第十四人时,将球运到半圆外任何处所向篮掷球。不中者取出再掷,至进篮而止;既进者持球跑至十三人之位置;此行之人,均向右或向左(因二队方向不同)移动一位,至对立而止(此时一数跑至对面而立于二数之后)。及球由侧面传至第三人之手,再相对传递,直至每人皆得掷篮一次而止。计分法:自第一人传至第十四人,每队先到则得三分,先进篮则得一分。故每次传球，每队可以得四分，或甲队三分，乙队一分。玩时教员宜注意犯规，如传递时间去几人等。

（原载《教育与人生》1924 年第 17 期）

篮球之预备游戏(十二)

廿七、四边传球比赛

人数:三十二人至六十人。

设备:篮球四个。足球亦可代替。

场地:场中划对角线长二十二呎之小方形一个,外更套对角线五十五呎之大方形一个。

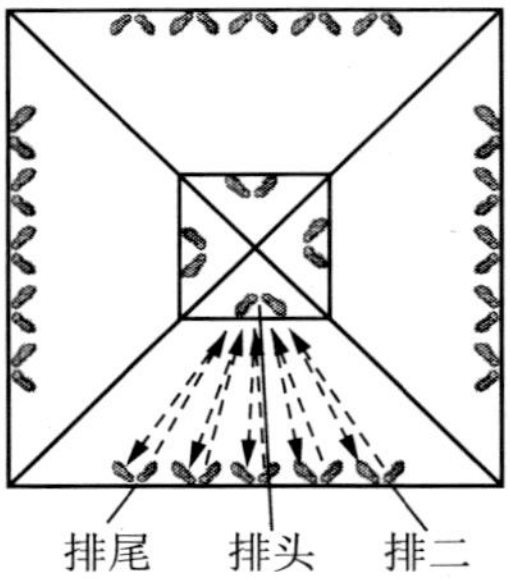

(图中箭头来回路径,即表传球之路。)

方法(一):全体分相等四队,排列大方形边上,面向中心;每队各派排头立小方形边内作传球人,面向外方,执球预备。闻令后,则用胸前传球法,传球于排尾,排尾再传回,排头再传与尾二;如是一一相传,至排二,则传球人进立排尾之旁,排二进立小方边内作传球人,如法传球。如是每人轮流入场中作传球人一次,至排头再入场中而止。队之先还元者胜。

方法(二):排列同上,惟用顶上传球法。

(原载《教育与人生》1924 年第 18 期)

篮球之预备游戏(十三)

廿八、四边运球比赛

人数,设备,场地,同“四边传球比赛”。

方法:分队方法同四边传球。闻令后,则排头依虚线箭头之方向运球,同时排尾进立排头所立之地位预备。排头运至原立之地位,继又经过排尾而至先前出发之地位(此时排尾已立在排头出发处),以球交与排尾,然后归入大队中,立排二之旁。于是排尾以同法运球,排尾上一人,亦同法预备;如是至排头再至场中得球而至。队之先完者胜。

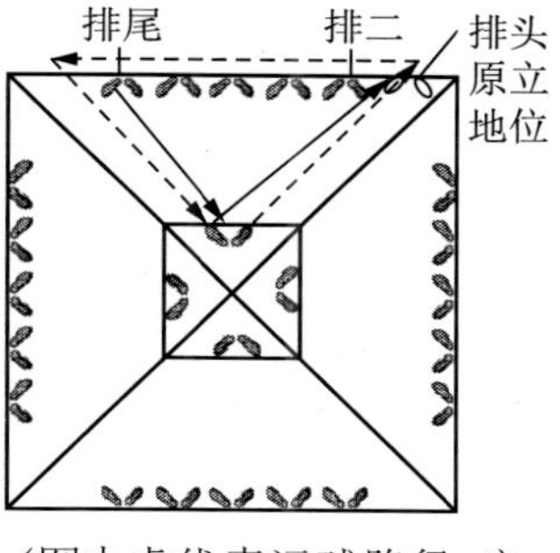

(图中虚线表运球路径,实线表人前进换位之路径。)

规则:球交与第二人时,不得由远方传与,须用持球送人法。

(原载《教育与人生》1924年第19期)

篮球之预备游戏(十四)

廿九、四角传球与运球混合比赛

人数,设备,场地,同上二游戏。

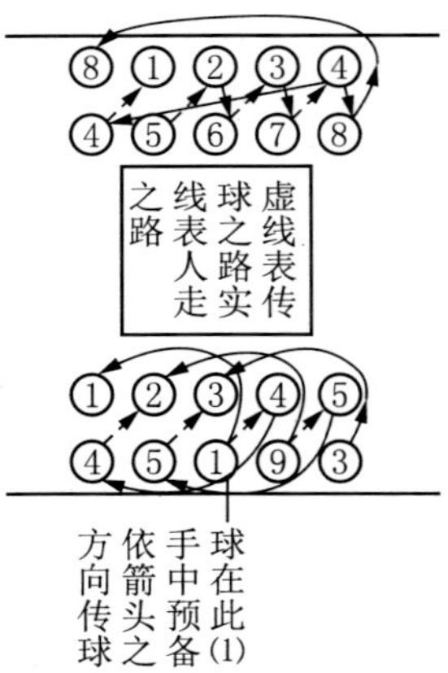

方法(一):一队再分两组,如人数相等则依图之上半图所表之方法行之:

即(1)执球预备,开始则向对面之人传球,至(8)则向前运球切场边而行,至(1)之旁而止,同时(4)由右斜前方移至(5)旁而接(8)传来之球,再以同法递传,至(7)则依(8)所走之路径而运球,同时(3)亦移至(1)旁,而预备接(7)传来之球。如是递传,至(1)再复原位而止。先毕者胜。

如每队人数不能分为相等二组,则以图之下部方法递传,至(1)运球至(2)之旁为止。先完者胜。

(原载《教育与人生》1924年第20期)

体操释名

例　言

中华民国五年，基督教青年会全国协会书报部，有《体操释名》一书出版。内用术语，源于德而译于美，是书即转译美本而来。当时经各体育家之斟酌，诸教育家之修改，颇称完善。数年来与吾体育同人研究上之助力者，至大且远也。然所列名词，尽属正式体操，模仿动作天然活动之名词缺如也。名词言文杂用，用于口令颇不便；短棒肋木占体操之重要部份，竟漏而未备；缺漏之大者如是，小者可见矣。重编之举，岂容再缓，兹按下列各项增加而修改之。

一、增天然活动之释名。

二、增短棒肋木之释名。

三、原名双臂者，改为两臂。原有向某部位至某部位之向字，悉改为由字。例如两臂向前上举，改为由前上举是也。

以上为修改之大概，各名词间，修改者亦不少，然不过为二三人之意见，未敢自信完善。同志诸君有何高见，望于六月内赐知，过期则有诸多未便也。

第一卷　柔软体操

第一章　普通名词

第一节　柔软体操之范围

柔软体操包括徒手哑铃棍棒球竿数种,走步穿花跑游戏舞蹈不与焉。

第二节　人体各部之名称

人体名称可分五类如下:

一、上体。

二、头。

三、颈。

四、上肢(分四部):

(一) 上臂。

(二) 下臂。

(三) 手。

(四) 指。

五、下肢(分三部):

(一) 大腿。

(二) 小腿。

(三) 足。

第三节　轴

轴分三种如下:

一、上下轴(原名脊轴)。与脊柱并行,在竖之部位。

二、左右轴。与两肩间连成之线并行或符合,并与脊柱成直角。

三、前后轴。与自前向后之线并行或符合,并与上下轴左右轴成直角。

第四节　平面

平面分三种如下:(阅一图)

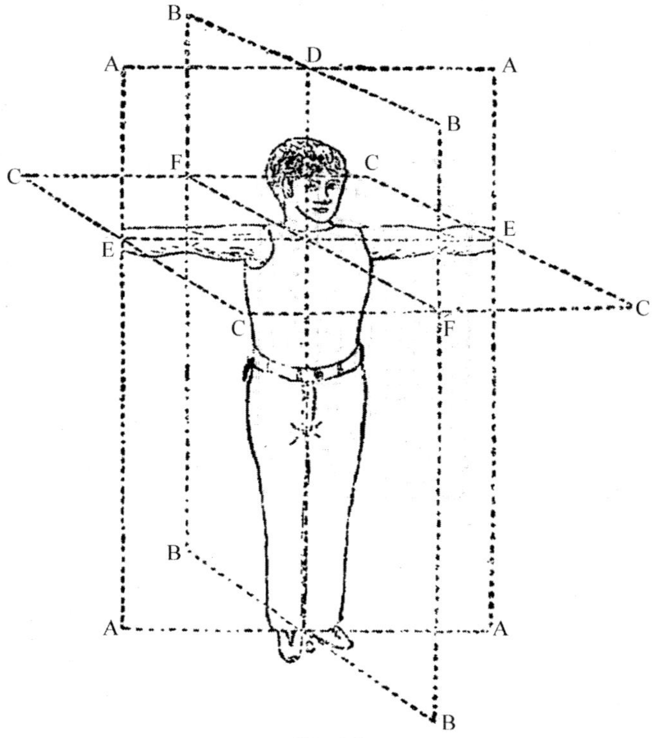

第一图

一、左右平面　含左右轴与上下轴。

二、前后平面　含前后轴与上下轴。

三、水平面　含左右轴与前后轴。

第五节　基本动作

一、展

(一) 四肢离前后平面而运动。

（二）手指展开。

二、阖　四肢由展之部位，向前后平面而还原。

三、绕圜　人体一部份之末端（头、手、足），任从何方向对方绕一周也。

四、屈　关节之上一部与下一部成角度之弯屈也。分两种：

（一）全屈。

（二）半屈。

五、弯　头及躯干，向任何方向成弧形之弯屈也。

六、转　人体各部份从原部位向内或外转也。

七、伸

（一）从屈之部位还原。

（二）从屈之部位，向前向上或向左右伸直也。

八、回圜　全体以左右轴回转一周之谓也。是种动作大半为器械体操及翻筋斗之动作。

第二章　方　向

第一节　绕圜、回圜及转之方向

是等方向依轴与平面之方向而定。

一、从水平面绕上下轴之方向

例如置钟于地面向上，依针走之方向旋转，曰向右转，或向右绕，或向右绕圜，反是者曰向左转，或向左绕，或向左绕圜。

二、从左右平绕前后轴之方向

例如悬钟于壁前，钟面对人，顺时针之方向旋转，曰右转，或向右绕或向右绕圜。反是者曰向左转，或向左绕，或向左绕圜。

三、从前后平面绕左右轴之方向

例如悬钟于左壁上，顺时针之方向旋转，曰向前转，或向前绕或向前回圜。反是者曰向后转，或向后绕，或向后回圜。

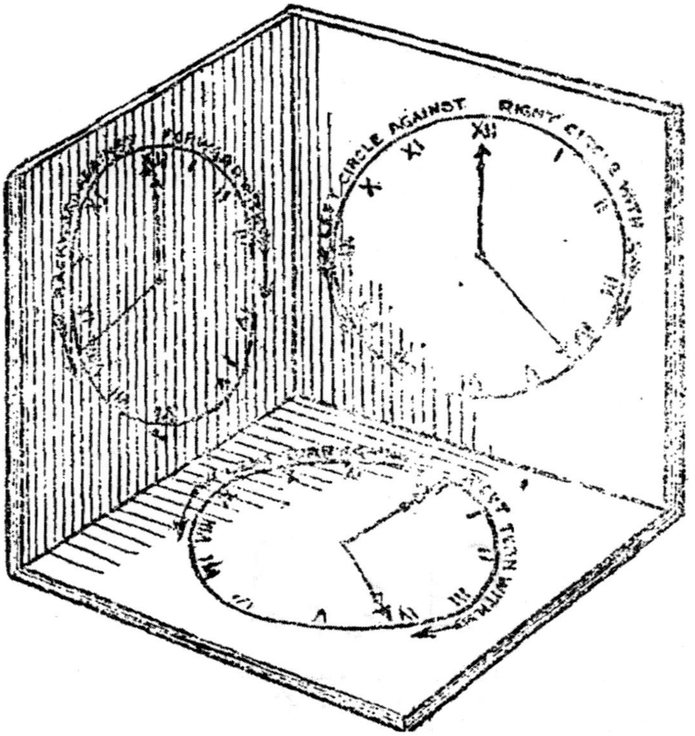

第二图

第二节　弯体举腿足尖点地箭步等动作之方向

人立指南针中央面向北。

一、前方　向北运动。

二、后方　向南运动。

三、右方　向东运动。

四、左方　向西运动。

五、右前斜方　向东北运动。

六、左前斜方　向西北运动。

七、右后斜方　向东南运动。

八、左后斜方　向西南运动。

第三章　部位

第一节　上体与下肢之部位

一、立正　两踵相接，两臂在体侧下垂，脊柱伸直，颚引进，头顶上耸，臀微向后，重量支跖前部(三图甲)。

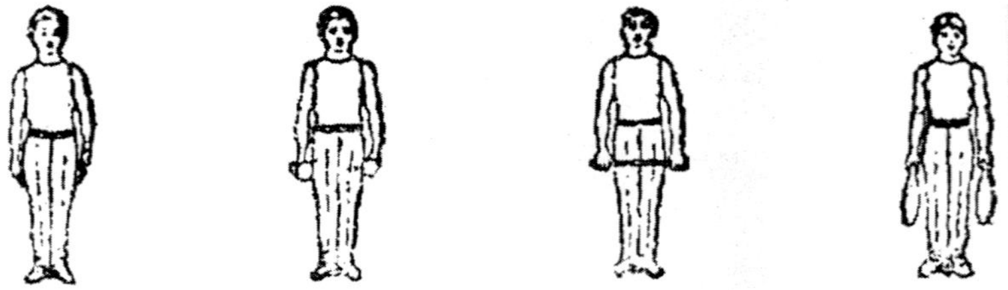

甲　乙　丙　丁

第三图

(一) 哑铃之立正部位与徒手同(三图乙)。

(二) 短棒及球竿之立正部位，两臂与肩带成直角。手掌向后，器械置两腿前方(三图丙)。

(三) 棍棒之立正部位，两手握棍棒之柄，余于徒手同(三图丁)。

二、立　全体除臂与足在任何方向外。余均与立正同。

三、并足立　两足并和，余与立正同。

四、出立　一足向前方或侧方或侧前斜方移动，至二足长之处立定，两腿伸直，全体重量支两足上(四图甲)。

五、开立　两足同时向左分开，离两足之距离，两膝伸直，全体重量均支两腿上(四图乙)。

六、足尖立　在立正部位，足踵提起，立于足尖上，两腿伸直，重量支足尖上。

七、足跟立　在立正部位，足尖举起，两膝伸直，重量支足跟上。

八、分尖立　足尖较立正时为分开，余与立正同。

九、分踵立　从立正部位，两踵分开，足尖相触。

十、前倾立　从立正部位，上体向前屈三十度，若连合出立或开立，则名出倾立或开倾立（四图丙丁戊）。

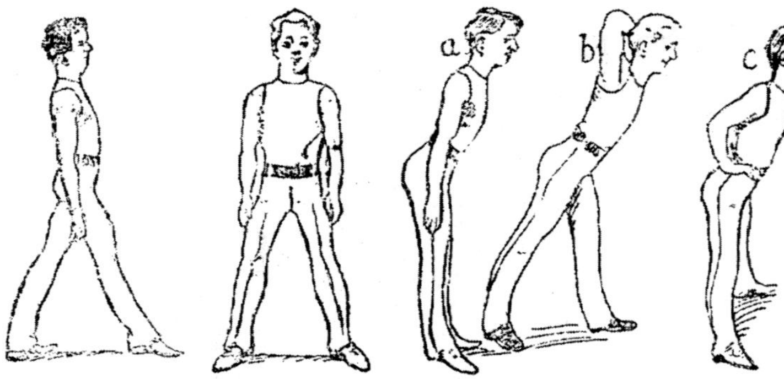

甲　乙　丙　丁　戊

第四图

十一、平均立　上体向侧或向前倾，同时一腿向后或向侧举，以倾之多少及膝之屈伸，可分以下数种。

（一）向前半（全）平均立　上体向前倾四十五度，为半前倾立，倾九十度则为全前倾立，同时一腿后举，与上体成一直线，静止之腿伸直（五图甲）。

第五图甲

（二）向侧平均立　上体向侧倾，一腿由他方举起，与上体成一直线（五图乙）。

第五图乙

（三）向前屈膝半（全）平均立　静止之腿稍屈，余与向前平均立同。

十二、挺胸立　胸向前上起。下颚引进，背肌尽量伸直（六图甲）。

甲

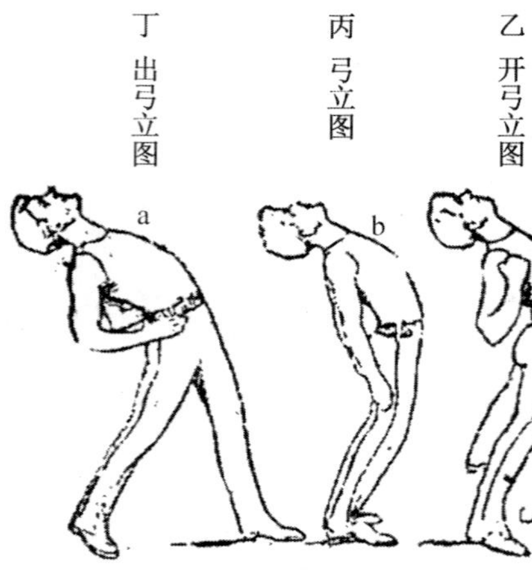

第六图

十三、弓立　由立正部位头背腰三者向后弯成弧形，若与出立或开立二动连合，则名出弓立开弓立（六图乙、丙、丁）。

十四、足尖点地　一足向任何方向伸出，以足尖点地全体重量移静止之足上。

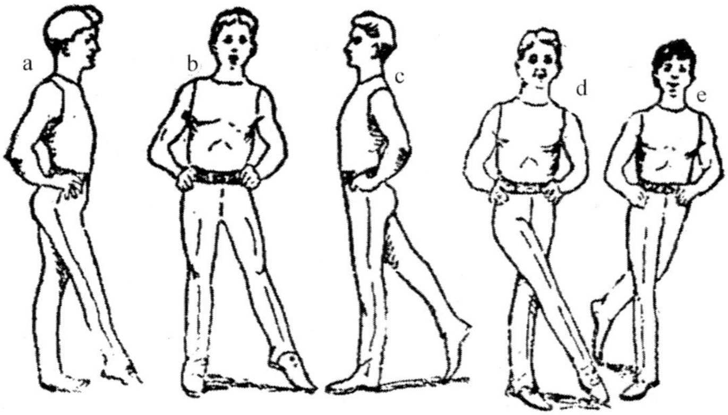

第七图

十五、前交点地与后交点地　一足从前后平面由他足之前后交叉点地，曰前交点地，由他足之后方交点地，曰后交点地。

十六、箭步

（一）半箭步　与全箭步同。惟一足向任何方向移动，至离二足远之处停止，膝屈，小腿与地面垂直。

（二）全箭步　一足直立，他足向任何方向移动，至大腿与地面平行，小腿与地面垂直而停止（八图甲）。

第八图甲

第八图乙

（三）反箭步　一足向任何方向移动，至离二足远之处落地。以踵落地者曰足踵反箭步，以尖落地者曰足尖反箭步，此移动之腿膝伸直，静止之腿膝屈，上体与移动之腿成一直线。此动作大半向后及向侧行之（八图乙）。

（四）后箭步　一足直向后移动，至距二足远处停止。膝屈静止之腿伸直（九图乙子丑）。

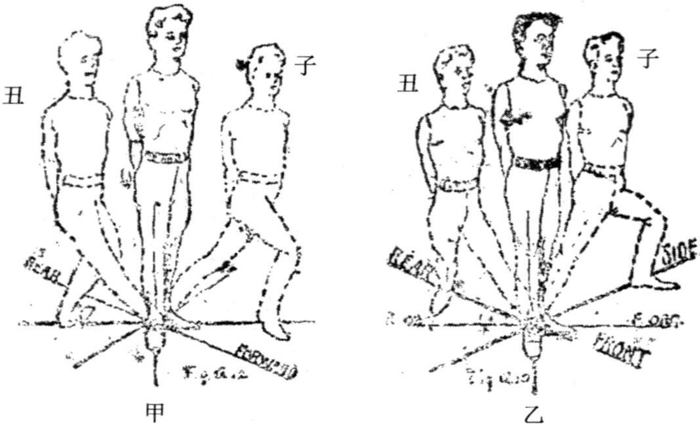

第九图

（五）前交箭步与后交箭步　一足从前后平面，斜交他足之前方者曰前交箭步，交后方者曰后交箭步（九图甲子丑）。

十七、卧撑　以手与膝或足撑体作卧状，名曰卧撑。分为四种：

（一）俯卧撑　全体伸直，面向下，以手与足尖支持身体于水平面上曰俯卧撑，下臂屈则名屈臂俯卧撑（十图）。

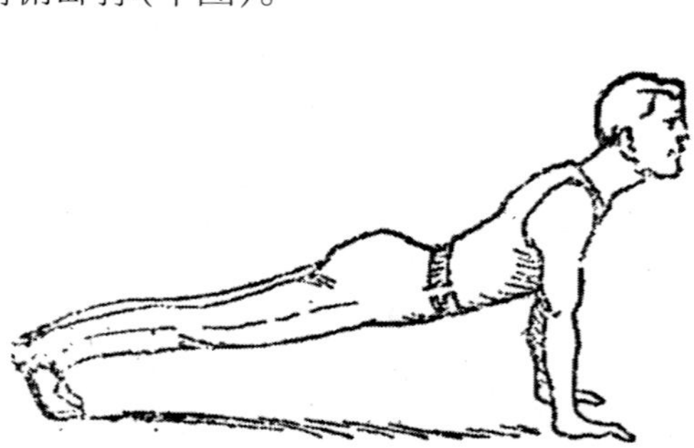

第十图

（二）仰卧撑　全体伸直面向上。以手与踵支持身体于水平面上，曰仰卧撑，在此部位，可行举腿及屈腿之动作（十一图）。

第十一图

（三）侧卧撑　全体伸直，以体之侧方向地面，以一手及一足支持身体于水平面上，曰侧卧撑。用两手及两足或一手与两足均可（十二图）。

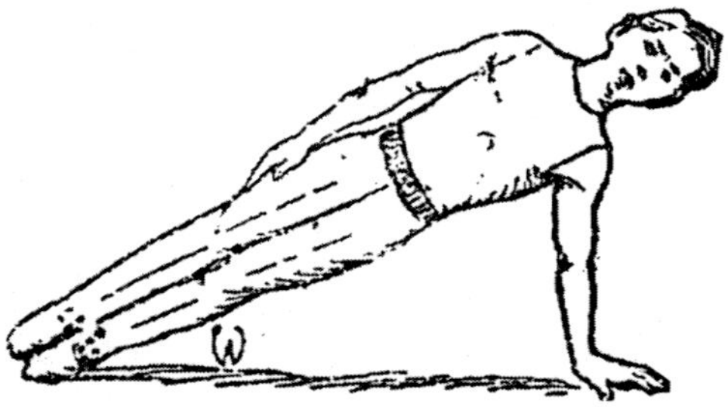

第十二图

（四）跪撑　上体与股关节伸直，以手与膝跪撑于水平面上，曰跪撑（十三图）。

第十三图

十八、全蹲　体直踵起，膝外展，膝盖尽量屈，曰全蹲（十四图）。

第十四图

第十五图

十九、半蹲　踵落地，膝半屈，并微向外展，曰半蹲（十五图）。

二十、蹲撑　从全蹲倾体向前，两臂由两腿间下伸，以手与足尖支持身体与水平面上，曰蹲撑（十六图）。

第十六图

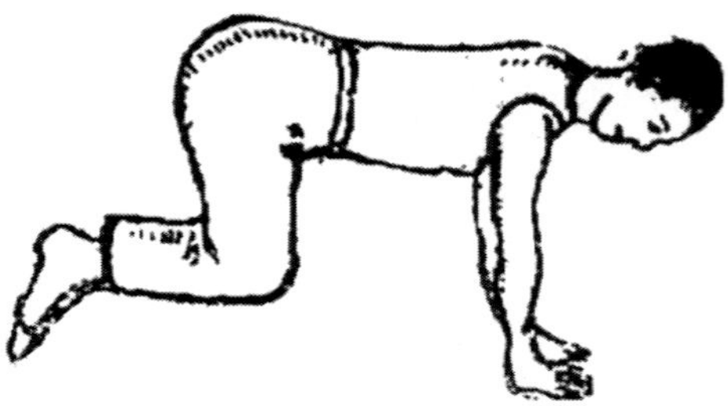

第十七图

二十一、下匍　上体挺直，与地面平行，以手、膝和足尖、三者支持身体，大腿与两臂均与地面垂直（十七图）。

二十二、匍撑　从全蹲之部位两膝落地，两手在大腿前方撑地（十八图）。

第十八图

（原载《体育季刊》1923 年第 2 卷第 4 期）

体操释名(续一)

二十三、坐　臀落地，上体挺直，两臂在任何部位，两腿合，膝踝两节伸直。

二十四、单(双)膝跪　单膝跪者，以一腿之膝与足尖着地，其股关节伸直。他足立跪膝之侧，其膝股踝三关节均屈。上体挺直，臂在任何部位。双膝跪者，两腿之膝与足均着地，两股关节伸直，余同。

二十五、仰卧　身体之背面着地，全体伸直，臂在任何部位。

二十六、俯卧　身体之腹面着地，余与仰卧同。

二十七、侧卧　以身体之侧面着地，全体伸直。

第二节　上肢部位

一、平举部位　两臂从下垂部位任向何方向平举，臂与肩在水平面上。

(一) 向前后平面举者，同前平举部位。

(二) 向左右平面举者，曰左右平举部位。

(三) 向前斜平面举者，曰前斜平举部位。

(四) 向后斜平面举者，曰后斜平举部位。

(注) 前平举与前斜平举，两掌均相对，左右平举与后斜平举，手掌均向下(第十九图甲乙)。

二、上举部位　两臂从左右平面或前后平面，上举过顶，手掌相对(第十九图丙)。

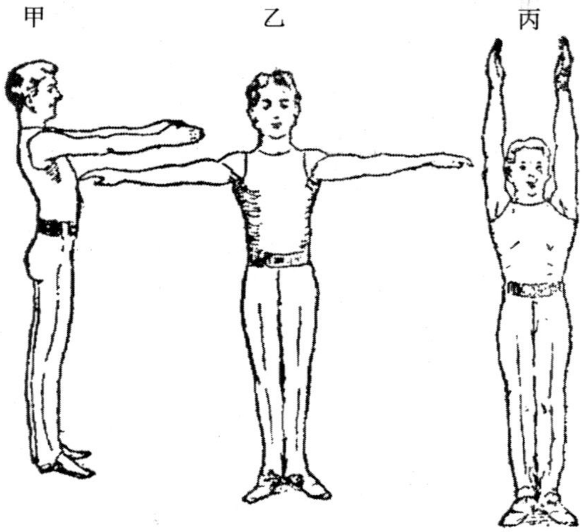

第十九图

三、抱头　两手指相插，两掌在脑后抱头，两肘极力后张，颏引进（第二十图乙）。

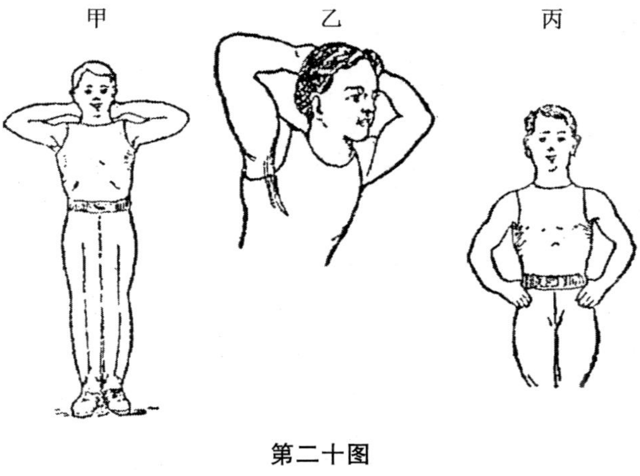

第二十图

四、按头　按头与抱头，惟两手指端相接而按头后。

五、抱头　与按头同，惟掌抱颈上（第二十图甲）。

六、按颈　与按头同，惟双两手按颈后。

七、叉腰　拇指向后，四指并合向前下方，两掌互叉腰上（第二十图丙）。

第四章　动作

第一节　上体动作

一、转　人体从上下轴，向右(左)转。例如钟置地上面向上方，顺时针之方向旋转是也。反是者曰向左转。若身体倒立时，仍如上例。转之度数分为四种：(一)为四分之一。(二)为四分之二。(三)为四分之三。(四)为四分之四，即一周(第二十一图)。

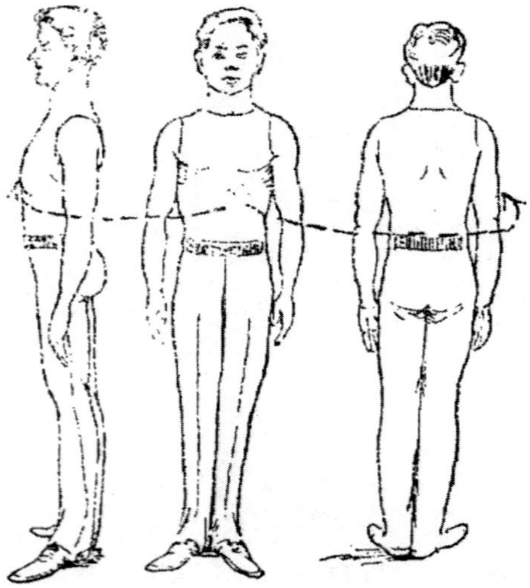

第二十一图

二、回圜　人体从左右轴或前后轴上回绕成一圜之谓也。

(一) 从左右轴上回圜者，例如钟悬于左壁上，顺时针之方向回圜，名曰前回圜。反是者曰向后回圜。

(二) 从前后轴上回圜，例如钟悬于前壁上，顺时针之方向回绕，曰向右回圜。反是曰向左回圜。

三、屈　脊柱直，上体向前倾出，屈在股关节上，因其屈之大小得分下二种。

(一) 前下屈　上体与下肢成直角，或稍过之。

(二) 前屈　上体与下肢成四十五度左右之角(如二十二图甲)。

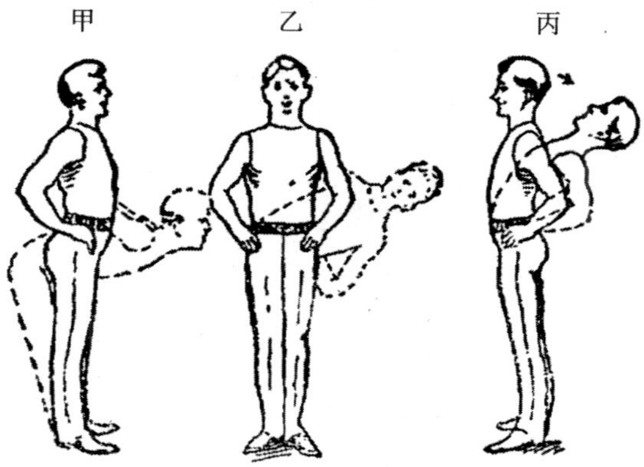

第二十二图

四、弯　脊柱弯、上体向前、向后、及向前后、左右斜弯、均可(如二十二图乙、丙)。向前弯之度数,亦有多少之分,故亦可分四种:

(一) 前下弯　上体向前下弯,过于直角。

(二) 前弯　上体向前弯,角度小于直角。

(三) 向侧弯(如二十二图乙)。

(四) 向后弯(如二十二图丙)。

五、转　上体从腰脊转动,足与臀勿移动,向左或向右均可。

(注) 屈弯转三者有时可互相连合,例如二十三图(甲)为屈体向前,同时转体向左。(丙)为转体向左,同时弯体向前。

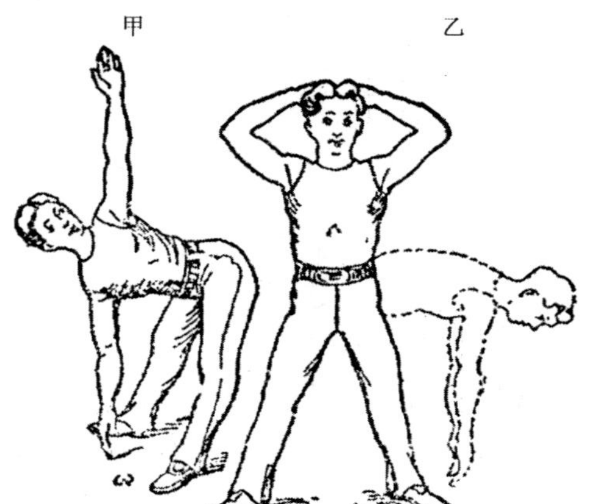

第二十三图

第二十四图

六、绕圜　分左右二种,盆骨勿动,头绕一圜。

七、上体挺直　上体从各种弯或屈之姿势挺直是也。

第二节　头之动作

一、头向前弯(如二十五图乙)。

二、头向后弯(如二十五图甲)。

三、头向左(右)弯(如二十五图丙)。

四、头向右(左)转(如二十五图丁)。

五、伸颏颏平,头向前伸(如二十五图己)。

六、头绕圆向左或右均可(如二十五图戊)。

七、缩颏颏平,头向后缩(如二十五图庚)。

第二十五图[1]

[1] 原稿此图中未注明上文中所指甲乙丙丁戊己庚所对应之动作。

第三节　上肢动作

一、臂绕大圜。

（一）从左右轴向前后平面绕大圜，方向，向前向后均可（如二十六图）。

第二十六图

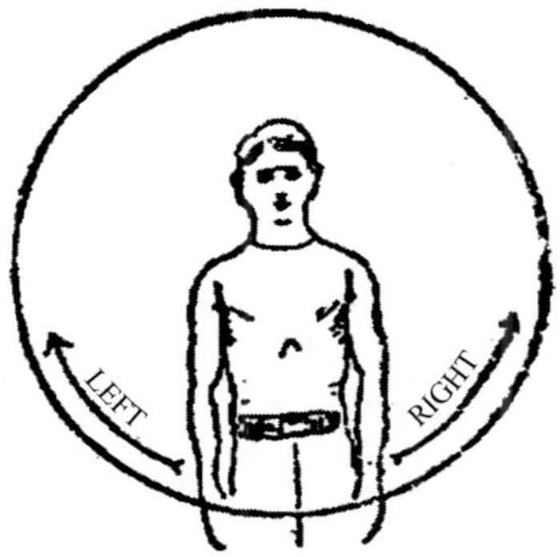

第二十七图

（二）从前后轴向左右平面绕大圜，方向，向左向右均可（如二十七图）。

二、转臂　缘臂之长轴转。

（一）全臂转。

（二）小臂转。

（注）凡二种转臂方法，如臂在上下轴及前后轴时，曰向左转或向右转。如两臂同时转，则曰向内或向外转。两臂在左右轴时，曰向前转或向后转。

三、屈　肘节屈曰屈小臂。腕节屈曰屈手。指节屈曰屈指。

（一）上臂在垂直部位，小臂屈。

1. 前屈　上臂在上体侧方，小臂屈于其前方（如二十八图右手）。

2. 左右屈　上臂在上体侧方，小臂在其侧方屈（如二十八图左手）。

第二十八图

3. 后平屈　上臂在上体侧方，小臂在腰后屈，与上臂成直角。

(二) 上臂向侧平举小臂屈。

1. 左右平屈　上臂侧平举,小臂在其前方屈(如二十九图右手)。

2. 侧上屈　上臂侧平举,小臂屈于其上方(如二十九图左臂)。

3. 侧上半屈　上臂侧平举,小臂在垂直部位屈(二十九图左臂虚线所表)。

第二十九图

第三十图

4. 侧前半屈　上臂侧平举,小臂在前后部位屈,与上臂成直角(三十图)。

(三) 上臂在前平部位,小臂屈。

1. 前平屈(三十一图左臂)。

2. 前上屈(三十一图右臂)。

第三十一图

第三十二图

（四）上臂在上举部位，小臂屈。

1. 上后屈(三十二图左臂)。

2. 过顶屈(三十二图右臂)。

3. 额前半屈(三十三图左臂)。

4. 上头后屈(三十三图右臂)。

第三十三图

第三十四图

（五）上臂在斜之部位，小臂屈。

后前屈　上臂向后下斜。小臂在腰侧屈，向前后之部位。

（六）屈手(三十五图甲)。

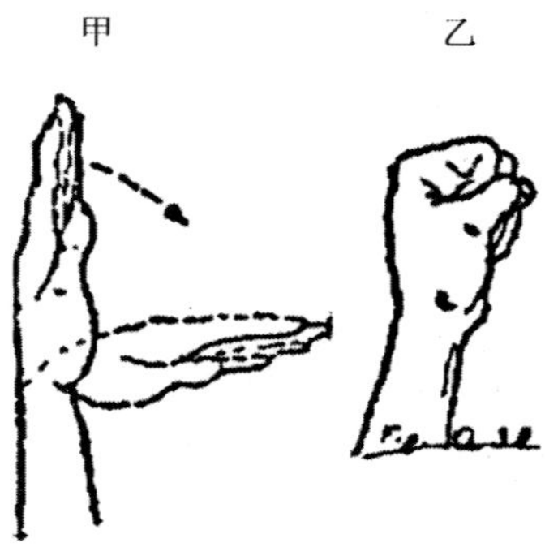

第三十五图

（七）屈指(三十五图乙)。

四、臂之动作　两臂从肩节绕圜，至二分之一，四分之一，或八分之一。

（一）向上之动作。

1. 臂前平举　两臂从下垂部位，至向前平举之部位。

2. 臂侧平举　两臂从下垂部位，至侧平举部位。

3. 臂前上举　两臂从下垂部位，经前平举之部位，至上举部位（三十六图）。

第三十六图

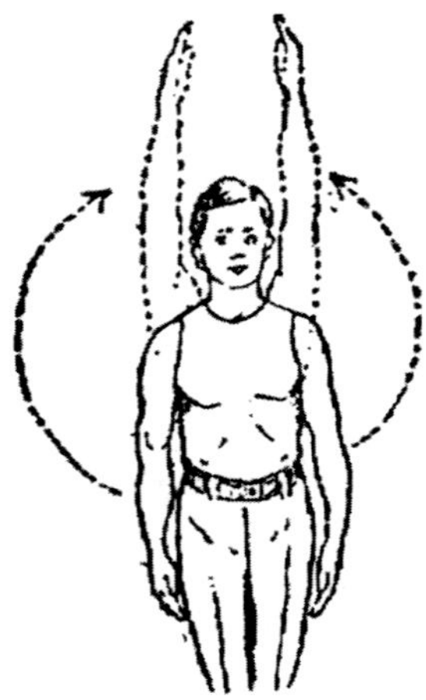

第三十七图

4. 臂侧上举　两臂从下垂部位，经侧平举部位至上举部位（三十七图）。

5. 肘侧举　两臂从侧屈之部位，至侧上屈之部位。

6. 肘前平举　两臂从前屈之部位，至前上屈之部位。

（二）向下之动作。

1. 臂前下垂　与前上举相反。

2. 臂前平放　臂上举部位，至前平举之部位。

3. 臂侧下垂　与侧上举相反。

4. 肘下垂　臂从前上屈或从侧上屈，至侧屈之部位。

（三）向后之动作：

1. 臂后举　两臂以下垂部位向后举（三十八图）。

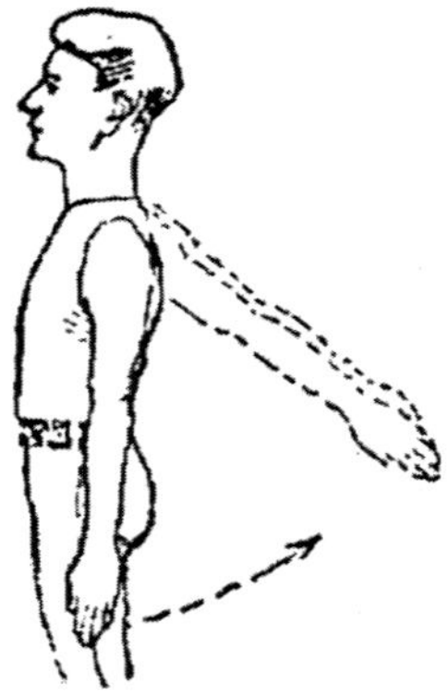

第三十八图

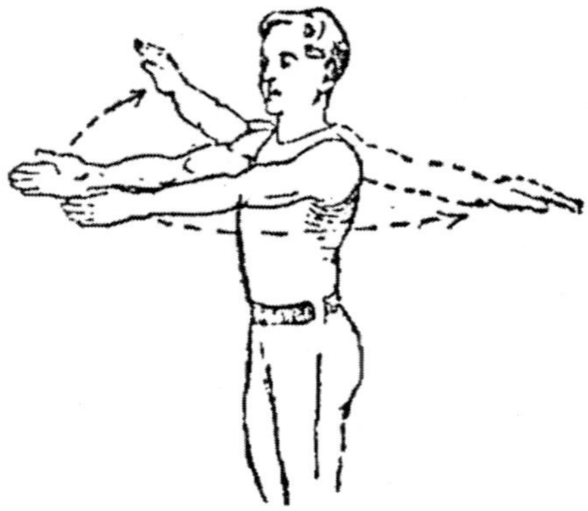

第三十九图

2. 臂侧平展　两臂从前平举部位至侧平举部位(三十九图)。

3. 臂后斜平张　两臂从侧平举部位,向后平张,至后斜方之部位。

4. 肘侧平展　两臂前上屈,至侧上屈之部位。

(四) 向前之动作。

1. 臂前平阖　两臂从平举部位向前平阖,至前平举之部位(四十图甲)。

2. 臂向前平斜交举　两臂从侧平举部位,至胸前平斜交举(四十图乙)。

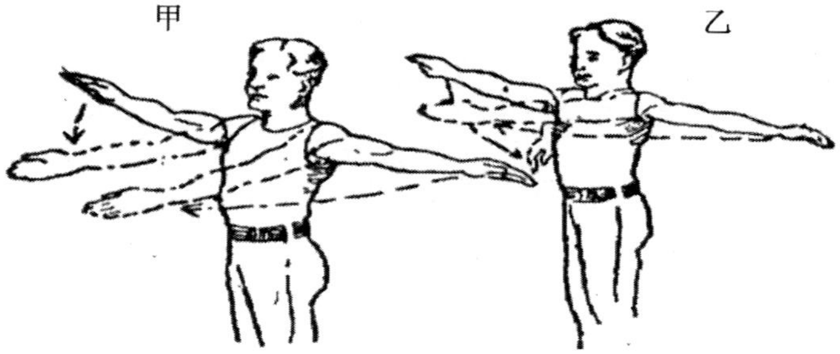

第四十图

3. 肘向前平阖　肘从侧上屈,至前上屈之部位。

五、耸肩绕　臂在下垂部位,肩高耸再前或向后绕圜(四十一图乙)。

六、臂绕大小圜　两臂在任何轴上,从肩节向任何方向绕成大圜或小圜(四十一图甲)。

第四十一图

七、肘绕圜　两臂在侧上屈之部位，从肩节以肘向前或向后绕成一圜(四十二图)。

第四十二图

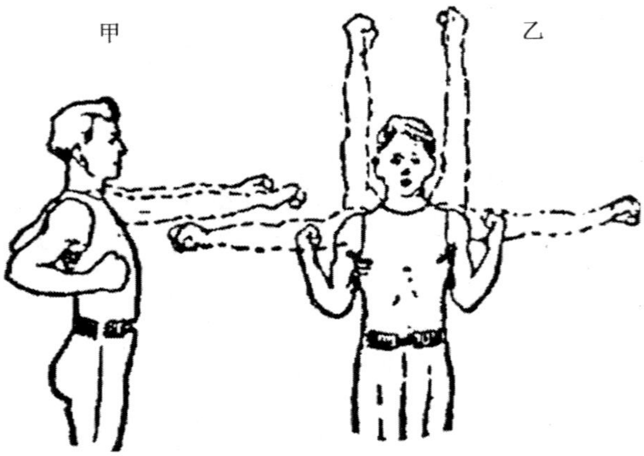

第四十三图

八、伸臂。

(一) 臂前伸　两臂从后前屈侧屈，前屈之部向前伸(四十三图甲)。

(二) 臂下伸　两臂从后前屈，侧屈，侧上屈，前屈，前上屈，侧平屈，前平屈，诸部位向下伸。

(三) 臂上伸　两臂从各种屈之部位向上伸(四十三图乙)。

(四) 臂侧伸　两臂从侧屈，后前屈，前屈之部位向侧伸(四十三图乙)。

(原载《体育与卫生》1924年第3卷第1期)

体操释名(续二)

(五)侧上斜伸　臂从任何屈之部位,向左右平面伸出,至上举侧举之间,与垂直线水平线各成四十五度之角。

(六)侧下斜伸　臂从任何屈之部位,向左右平面伸,至下垂与侧举之间,与垂直线水平线各成四十五度之角。

(七)前侧斜上伸　臂从任何屈之部位向前上侧之方向斜伸,与前后平面左右平面水平面各成四十五度之角。

(八)后侧下斜伸　臂从任何屈之部位向后侧下之方向斜伸,与三平面各成四十五度之角。

(九)向后伸　臂从任何屈之部位向后伸,至后举之部位。

(十)胯下伸　由立之部位,臂从任何屈之部位,向两腿间伸,弯体向前,同时。

九、上肢天然动作

(一)掷

1. 掷棒球　手执球,臂在后平举肘微屈之部位,大臂向前平阖,至平举时继以伸臂之动作(如四十四图)。

2. 掷军棍球　手执球,臂在后平举之部位,向前回转,手至前方球脱手而出(如四十五图)。

3. 掷炸弹　手执弹,臂在后下斜举之部位,肘伸直,向前回转,手至前方,弹脱手(如四十六图)。

4. 发垒球　手执球从上举之部位,向后回转至过下垂之部位,球掷出。

第四十四图

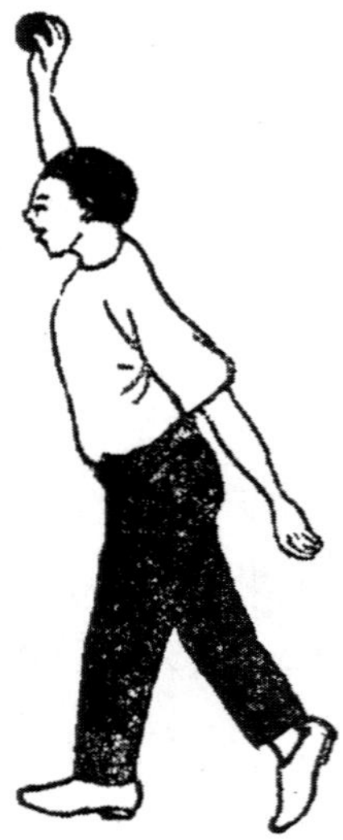

第四十五图

第四十六图

第四十七图

5. 钩腕掷篮球　手执球,腕屈,臂后平举,臂向前回转,过垂直球掷出(如四十七图)。

(二)托　臂从侧屈之部位,手掌向上上伸。

(三)推　臂从侧平屈及侧屈之部位,手掌向前面前伸。

(四)按　臂从侧平屈之部位,手掌向下而伸。

(五)劈　两手相握,置肩上,弯体向前,同时两臂向前下垂。

第四节　下肢动作

一、箭步　上体直,一足任从何部位向一方进一步,至箭步之部位(见第三章第一节九)。一半箭步,二全箭步。

二、倾体箭步　上体与他足成一直线,随移动一足斜向各方倾出。

三、反箭步　一足任从何方进行,膝伸直,留于原处之腿膝屈。

四、点地反箭步　同反箭步,惟用足尖着地。

五、出步　一足任向何方出一步,膝伸直。

六、收步　出立后或箭出后还原也。

七、蹲　从并腿之姿势,渐张双膝,至蹲之部位(见第三章第一节十三)。

八、大腿前举　举大腿向前,小腿与足伸直。身体若在仰卧之姿势或器械上时,大腿举至向上之方向,即名曰上举(如四十八图)。

第四十八图

第四十九图

九、大腿下垂　大腿从前举或后举之部位及大腿从侧举之部位，下垂至原部位。

十、大腿后举　举大腿向后，小腿与足伸直（如四十九图）。

十一、大腿向侧举　举左（右）腿向左（右）（如五十图）。

第五十图

第五十一图

十二、大腿交举　右（左）腿从并腿部位，举向左（右）方，与左（右）腿相交，名曰大腿交举。（如五十一图）

十三、转大腿　缘腿之长轴旋转，方向有向外向内二种。

十四、大腿绕圜　大腿从股关节任向方绕小圜，方向有向外向内二种（如第五十二图）。

十五、膝前平举　大腿在水平部位，小腿垂直。

十六、膝上举　大腿前上举，小腿垂直。

十七、屈小腿　大腿勿动，小腿从膝关节屈。

（注）凡大腿前举或上举，同时屈小腿之动作，可名曰膝前举，与上举。

十八、转小腿　小腿从屈之部位旋转，方向有向外向内二种（如五十四图）。

十九、伸小腿　小腿从屈之部位伸直。

二十、起踵　从立之部位提起足跟，名曰起踵。

二十一、伸足尖　足于离地时伸直足尖。

第五十二图

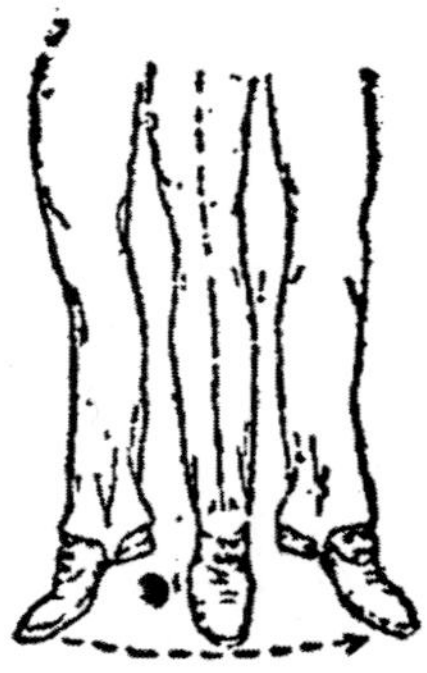

第五十三图

第五十四图

二十二、起足尖　足踵于落地时，立起足尖。

二十三、屈足尖　足于离地时屈其足尖。

二十四、双足　以双足跳，即以双足落地。

（一）远跳　方向前、后、左、右均可。

（二）高跳　从原地直向上跳名曰高跳，同时可增加臂与腿及转体诸动作。

（三）开合跳　两足从并立部位，跳至开立部位，随时还原。

（四）开立交叉跳　两腿开立跳，继以左右交叉跳。

（五）交互交叉跳　先一腿向他腿前交叉跳，继一腿向他腿后交叉跳。

第五十五图

第五十六图

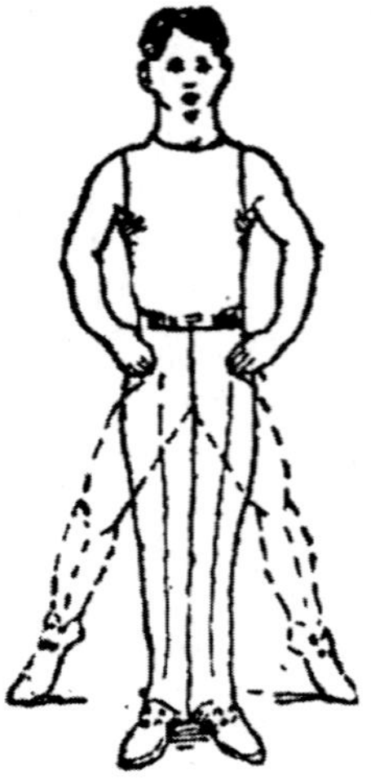

第五十七图

第五十八图

第五十九图

第六十图

（六）前后出立跳　两腿向前向后互跳，至出立之部位，随时还原，至立正之部位。

（七）前后交叉跳　两腿向前向后互相交叉跳，跳回时足仍在交叉之部位。

（八）一步跳　一足向前出一步，再向前并足跳。

二十五、单足跳　以何足跳，即以何足落地，方向有高与远二项。

二十六、跑　两足快速交换,向前跑,其要素即一足离地在他足落地以前。

二十七、定位跑　两足在立定之地位,作跑之姿势,有时可任意变换腿之方向。

二十八、定位走　两足在原地行走之动作也。

第五节　腿之天然动作

一、踢　膝伸直或屈,以足背或足尖向前或向上进行也。

二、高跨步　跳栏时前腿举起,行跨过栏之动作也。

第五章　口令

用口令之方法有二:

一、部位动作之提明。

二、开始动作之指示。

第一节　口令可区分为三部份

一、预令　所以使生徒明晰何部份向何方及动作之奚若,预以口令完全指明之。

(注) 出预令之声音宜嘹亮而长,切勿重呼动字。

二、停顿　出预令与动令之间微停片刻,俾生徒知预令所示之动作。

(注) 停顿时间之长短,以预令所示动作之繁简为断。

三、动令　所以使生徒开始运动也。

第二节　口令有二种

一、使生徒行反复之练习。

二、使生徒一番之练习。

其一,反复之练习:以一口令行多次动作时,其间宜略为停顿,庶使节段分明,所用之预令宜指明身体之何部份何方向及何动作。动令宜短,仅示以开始之意已足，例如预令为“双臂向左右平举，左足向左箭步”，动令为起。

其二，一番之练习：每一番之动作，即以其口令之动字为动令，预令指明身体之何部份向何方及何动作。例如，预令为“双臂向前上举”，动令为“举。”又如预令为“双臂向左右下垂”，动令为“垂”。若初步之训练时，生徒或不甚明了口令之意味，教师可用通俗之语说明，务使生徒易于领会。

（原载《体育与卫生》1924年第3卷第2期）

器械体操之评判法[①]

器械体操之评判，可分两端：比赛者所练之体操，其一也；评判者观察动作，给以分数，其二也。两者最难适合而相当。善评判者，所批分数，必与动作相称，两者互相适合，毫无轩轾。初事评判者，往往胸无成竹，临场即乱。其病固在缺乏经验，而胸无定分数之标准，亦一大原因。设一体操，分为上法，连合动作，下法三项；每项给以分数，则评判自不难矣。以下之标准，为美国东北部器械会 Northeastern Gymnastic Society 所定者。兹述之以供参考。

按器械体操比赛时，动作可分两种，因之评判之法，亦分两种，分述于下：

一、规定之体操

（一）前进之方法例如预备上操前之姿势及容仪…………五分

（二）上器械之方法

1. 两臂前举同时两膝屈…………五分
2. 背凹 Back Hollow 同时向前…………五分

（以上两项合计）十分

（三）在器械上之姿势与态度

1. 隐藏于内而微露于外之精力…………廿分
2. 背必须凹时而凹…………十分
3. 头向前看…………五分

① H.N.Watson 原著，吴蕴瑞译。

4. 臂应直时伸直…………十分

5. 腿应直时伸直…………十分

6. 脚与踝关节伸直…………五分

（四）下落姿势

1. 落于足尖上同时屈膝…………五分

2. 臂伸直或展开…………五分

3. 背凹头向前看…………五分

4. 姿势正确…………五分

（五）立正及后退

例如立正之位置及后退之方向与容仪……五分

以上各部，能一一正确行之，则总分数为一百分。若其中脱去一节，或一节行之不正确，则从百分中减去该节应得之分数。例如一操法，含有五相等之重要部份，一部不能做，或不正确，则减去二十分；其所得分数为八十分。规定之动作外，不能加任何动作；加之则与错误等；是与第一部有关者，则减去第一部份之分数，余类推。

二、规定以外之体操或自选之体操 Voluntary Exercise

评判各人自选之体操较难。各动作难易之不同，格式之种类，连合之自然与否，评判者须有确实之见界，评判方有把握。然此非有评判经验及比赛经验者，不能准确无误也。故评判自选之体操，颇为不易。以下为给分之大概方法；能熟悉之，亦大有助力。

1. 由前进至上器械之姿势…………五分

2. 连合之难度 Difficulty of Combination…………卅分

3. 连合之间无停滞，层次自然…………廿分

4. 姿势与和雅（指做时）…………卅分

5. 下落之方法及姿势…………十分

6. 立正与后退之姿势…………五分

以上合计共一百分。

上器械之姿势，非仅指手握器械时之姿势已也。由立正而向前进；由前进而握器械；由握器械而上登器械，皆包括在上之姿势内。

又第2、3、4三项，即由上器械至下落间之动作。评判时，宜在两动作之间，及每动作之大处着想。

不论上法及在器械上之动作，难者当多给分数。上时手握错，不能保持平均；做动作时重心失其正当支持，不能保持平均，则为失误，宜减分数。又第5项之下落方法，即脱离器械之方法。是项亦有难易之分。评判者须审其方法，是否与在器械上之动作相称，并是否自然。大概下落之方法，不能太易，太易则相称之势失，不受观者欢迎也。

比赛者所做体操，难度合格，姿势正确，则给以上列分数。如动作太易，姿势虽正确，亦宜酌减；减之多寡，视难度之大小而定。

连合动作愈多，则愈难，因一时用力太多也。比赛者须量自己力量，勿因连合太多，致精疲力竭，有伤大体。又连合动作，须前后不重复，以免乏味。

（原载《教育与人生》1924年第14期）

篮球记分方法

篮球记分，须有一定格式；犹法庭之案卷，藉以征当场之实况。判定处罚，结果如何，悉凭此考查。故所记贵乎一目了然，不费时间。下表为通用记分表格；比赛之前后，宜按条登记，庶能免于错误。

篮球记分表

队名		上半时		下半时	
		分数	犯规	分数	犯规
队员姓名	位置	进球记号	犯规记号	进球记号	犯规记号
	左锋	+⊕⊕	P_1	+	+⊕⊕
	右锋	+○	P_1 P_2	+⊕	P_3 P_4
	中将	+	T	○	T
	左卫	○		+	
	右卫				
		上半时 总分数		下半时 总分数	

裁判员
检察员
记时员
记分员

比赛结果
何队得胜
比赛日期
比赛地点

上表说明

全表以双线纵分为三:第一纵行第二格,记队之名称,例如金陵队沪江队等是也;第三格下记队员之姓名,须按其位置填入,不可纷乱。第二纵行记上半时之成绩;分分数及犯规两项。设左锋丢进一球,则在其右分数行横格内记十之记号;若亦犯侵人犯规,则在犯规格内记 P_1(P 右下方之 1 即示第一次之意,2、3 仿此)。其他队员犯规或得分,以同法登记。第三纵行记下半时之成绩,记法与上半时同。

记号

记号分五种:○为罚球未中之记号;⊕为罚球罚中之记号,得一分;+为进球记号,得两分;P 为侵人犯规记号,在其右下方记 1、2、3、4 等数字,表明犯规之次数;T 为技术犯规记号。

一队全体犯规之记分法

一队停止比赛或放弃比赛权,则分数为二与零之比,未放弃之一队得胜。此常在已至比赛时间,而一队无故缺席时用之。

(原载《教育与人生》1924 年第 20 期)

替换赛跑

短程替换赛跑不论 4×200 米或 4×100 米接棍之区域，均为二十米。常人以为定此规则之时，恐接棍之动作太难，与以二十米以内接棍之机会，含有保险之意。经作者研究推考，其用意在与接棍之人有加速度之机会，毫无保险接棍之意味，按今春在中央大学所授人体机动学实验的结果，短跑在起跑之后，至十六至十八米之间，跑之速度，始加至极点，则此二十米之区域，确是与接棍者加速度至极点之机会无疑，由此推知接棍得法，800 米或 400 米之成绩，可比 200×4 米或 100×4 米个人成绩为优，反之则为劣，欲阅者易于明了，故以图表明于下。

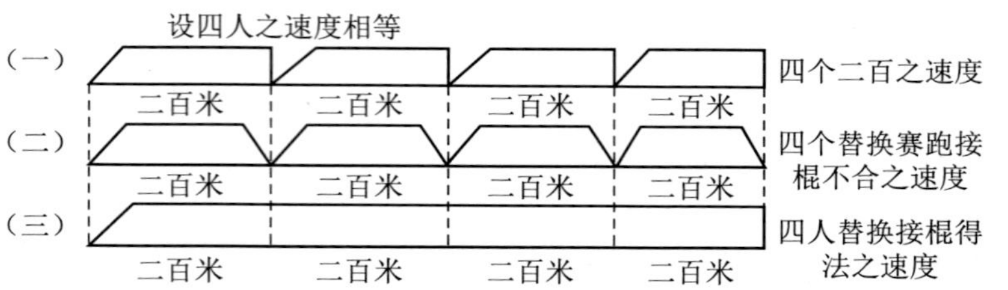

第一图

（注）以上各梯形高度表速度之升降，各梯形面积和之比即三种替换法速度之比例，在图（一），假定起跑之后速度由零而渐渐加高，至接棍区域之近线而第二人即起跑（并不接棍），如第三第四人均以此法替换，故每人所跑之速度如第一图之各梯形。在图（二），第一人起跑之后，先由速度零而增至最大之速度，在

接棒之时，速度减低，在速度等于零时接棒，故梯形之面积较少。又如图（三），只有第一人起跑时之速度中零加高，其速度亦得以梯形表之。至于第二、三、四人均在速度最大之时，接棍授棍，其速度不成梯形乃是矩形，故其速度较大。以三种图解第二种速度最低，第一种次之，第三种最高。今欲知达最大之速度，以下诸点须分别注意。

第二图　后者是接棍的人，前者是传棍的人

第三图

一、接棍之地位

接棍之区域有二十米之长，究在何处接棍，不可不研究。据测验之结果，人由静止而至速度最大之时，十七八米之间，在此时接棍，最为合宜。

二、接棍者之起跑之方法

起跑取蹲伏式，与第一人相同。在第一人离已之起跑线尚有五六米，即蹲伏预备，身体向前弯，两臂微屈，目视右后方，注意其后跑来之人，至来者触其起跑线，即向前起跑，后退向前，左臂前振，右臂后振，此时须注意者：(一)与第一人同步。如第一人用左手执棍，则在左方尾其后，棍在右手，则在右后尾其后。何以须同步？因同步之时，棍在左手，而接者在左后方。接棍者之左手后摆之际，即接者右手前摆之时，接棍之动作即在两手相触之机会中行之也。(二)授棍者后摆之动作，手宜靠近身旁，身体向前倾，使其手与上体间之空间增加，而摆动之方向，由前后之方向，改为上下之方向，以便接棍。(三)两人间之距离，视授棍者手摆动之大小与其前进之速度而定。可由久时之练习，求得最合适之距离。善接棍者，其接棍处必在二十米之尽头处行之。所以使接棍者，得加大速度之机会。

三、接棍时手之更替

第一人以右手执棍之后半段而出发，第二人以左手接棍握棍之后半段(如第二图)，第三人以右手接棍握棍之前半段(如第三图)，第四人更以左手接棍，握棍之后半段。

(原载《体育杂志》1929 年第 1 期)

推铅球

按鄙人曾著《运动学》一书，将由商务印书馆代为出版。内分两篇：第一篇为应用力学，以力学之公式及定理为中心，应用于各种运动；第二篇以运动为中心，应用力学之定理及公式，以求其最适宜之方法。推铅球为第二篇中之一节，特行登出，俾体育同志，得明运动学一书之一斑。

推铅球一项运动，大部应用加速度之理，已如上编第五节所述。本节所讨论者，为各部动作之做法，及达到最大效果之方法。兹分析而详论于下。

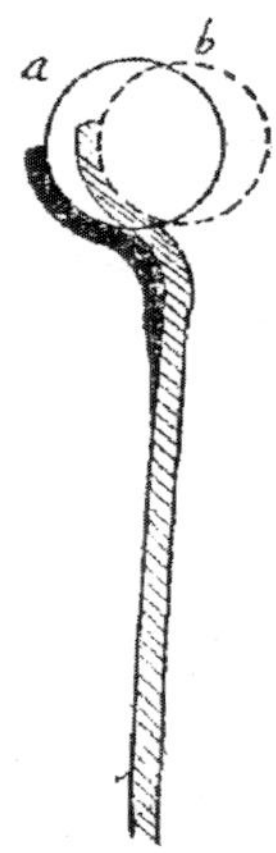

第一图

一、预备动作

第二图

与成绩间接发生关系，不可忽视。

（一）预立地点　推者立后半圈之内；推出之方向与前进之方向，均在圈之直径上；身体之重量载右脚上；左脚前伸，以脚尖轻点地上；上体微向右前倾，如第二图视线向下。

（二）执球之姿势　球托手中，着力之点在各指第三指骨下端；中三指并合，用拇小二指维持球之内外平衡，如第五图之执球姿势；腕关节宜向后过伸，伸之程度愈大，则屈腕肌肉用力于球之机会愈多；如第一图所示，比较其伸之程度，即可知其机械的利益之多少。运动员腕力薄弱，不能作最合之执法，则当注意发达屈腕肌肉。腕伸之度大，则工作距离大，伸之度少，其工作距离少，自预备之时至起推之际，执球之手臂肩各部肌肉，宜尽放松；球托锁骨外半之前，勿支持于锁骨之上。

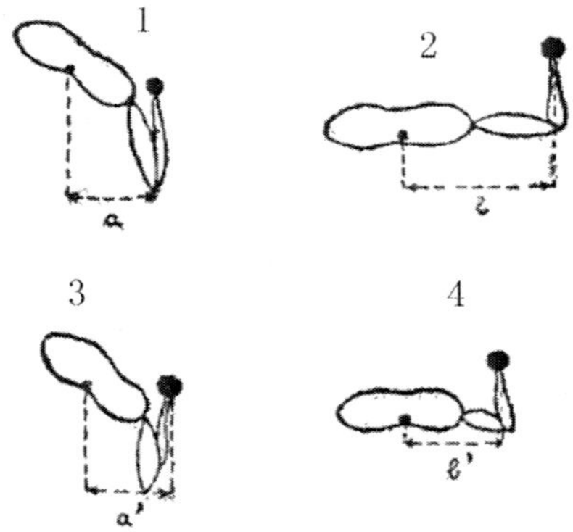

第三图

（注）上图中呈蚕茧形者，为身体之横切面，其余为大小臂与铅球 aa′及 bb′为脊柱与球间之横距离，1、2 表明肘向侧之姿势，其脊柱与球间之横距离大。3、4 为肘向下之姿势，a′小于 a，b′小于 b。

（三）屈肘之姿势　屈肘之后，球须接近锁骨外半之前，否则犯规，但同在此部位而肘有向下向侧之分，何种较为适宜？本节应加讨论，铅球推出，固属直线运动，分析其速度，则一部份由圆运动而来。按圆运动公式 v = wr 即角速度相等时，线速度之大小视圆半径之大小而定，肘向侧举时，半径大如第三图 1、2，肘向下，则圆半径小，如同图 3、4。

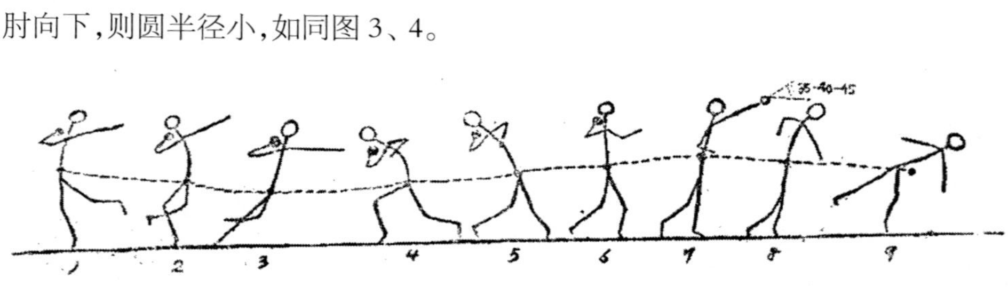

第四图

（注）此图为推铅球各动作之进行程序，身体重心所走之曲线及从侧面看之身体波浪。

（四）原地摆动　推铅球在向圈前进以前，有预备之活动，则前进之速度大。此种动作，始于左腿及右臂之侧举，同时上体微向前扭转，右臂微向前回转，为平均起见，右臀向右移动，重心微向上升，身体向右成弓形，摆动终了，则回至原状。

第五图

二、前进之动作

此动作始于上节之最后一摆动之动作，如第五图，即继以左腿向右后重振，左臂前举，可达右肩之前，上体微向右扭转，左臀与重心均向左移动，右肩下落，此时身体向左成弓形，如第六图，与上节适相反。此后右脚向外转，髁关节伸直，膝关节仍屈，于是重心向左移动，上体向右扭转，循圆圈之直径而向左流动，右脚尖向后从地上流滑，同时右膝伸直，如第七图及第四图3，左腿速向左重振。在此向前进行之程中，身体之姿势时时变化，决非固定，上体

第六图

第七图

和肩与左右平面及水平面，均改变关系，即全体所成之弓形亦由向右弓而变为向左弓（第三图 1、2），由左倾而变为右倾（如同图 3、4）。重心由下降而至上升，至为复杂，初学者往往不知其用意，任意乱动，效力全无，对于此种动作，须注意六点：(1)其目的向前动多，向上动少，身体勿可跳起。交叉腾步及前跳太远等弊（如第八图 2、3），均应避免。(2)此前进动作未终了之时，即须继续做下，数动作稍事停顿，则停顿以前之速度全失效能。(3)利用左腿前摆之惰性，以前进身体，若专用右脚单足跳之力量而前进，则向前之速度必大减少。(4)落地时宜在右脚上，重心在右脚以前，上体向右倾，然后继以左脚落地之动作，以向左绕半圆之动作前进，若两脚同时落地，则呈停顿之现象，前进之动作全失效能。(5)两脚着地之时，左膝微屈，右膝深屈，令重心载右脚上，准备跳起（如第九图）。(6)前进之时因腕节过伸，铅球受惰性作用，往往向后脱落屈腕节诸肌，宜注意防之。

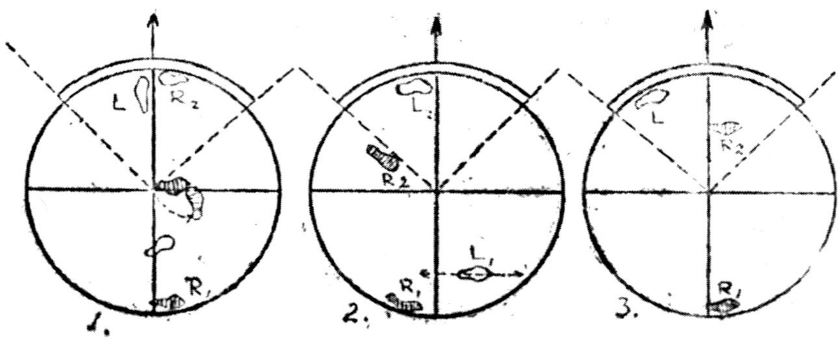

第八图

（注）推铅球之前进步伐：1 合式之方法；2 摆动一腿所至之方向极为不利，R_2 向右前方去太远，阻碍交叉跳之动作；3 R_2 落地太近，圈前边 L 向侧边太远。

第九图

第十图

三、推之作用

（一）下体与上肢之动作　身体向推之方向流动，至右脚离圈后缘约 80 糎时，右脚停止前进，以全跖着落于圆径（前后径）之稍右方，随即以右踵外转，至尖向前而止（如第八图 1 R_2），左脚尖前指，切进前后径而落于前缘之内，左脚相距 90 糎，此时两膝多屈，惟右膝向内转，膝不过脚尖，臀亦深屈，上体前倾，同时向右扭转，成螺旋状，肩臂均向右移，肘向后张，在此部位，胸肌十分伸张，工作距离奇大，从此开始行推之动作，先以盆骨速向左扭转，霎时间上体受惰性之作用，向右扭转之度益多，球向前之速度可益大，加以膝髁髋三关节伸直之动作，则下体及下肢对于球之力量完全用到。

（二）肩与臂之动作　肩臂常保持向右扭转之部位，已如上述，其用意在使屈肩伸肘诸肌过分伸张，俾其工作距离增加，此时上臂及肩宜作一平面上之圆运动，而其面与推出之方向一致，左肩之圆运动较小，因身之转轴偏在左脚上也；左臂在推之行程中，肘节微屈，减短其惰性，使转体之动作不致减慢；及面对推出之方向时，左臂向后重振，与推之动作平衡，伸右臂之方向与推之方向方一致，成 35°—45°之角；左脚向前全伸着地，伸腿之时，右髁关节先左髁关节而伸直，球将脱手之时，左髁关节始伸直；头将转向推出之方向时，视线偏向左方，俾右肩得向推之方向前进（如第十图及第十一图）。

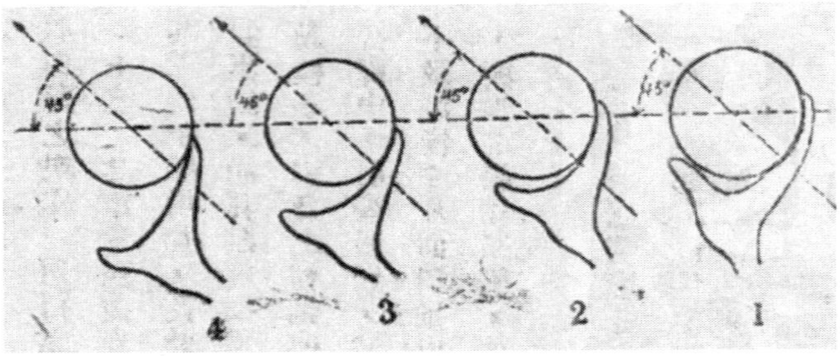

第十一图

第十二图

（三）屈腕之动作　此种动作在推出将了之时行之，寻常不甚注意，实际上大有出入，但行之太早，则球向下而高度不足，太迟则推太高而成绩益少，二者均不适宜，脱手之时，球向后回转，保持 45°而前进（如第十二图）。若球不旋转，则推出之方向必低，有损于成绩。

（四）推出後之终了姿势　头向后仰，上体前倾，左臂侧举，右臂左平举，左腿后平举，右腿单足立。此种部位，虽与成绩无关，然成以察出其力之当否。若转体与屈体之动作得当，则受惰性之作用，非达到此姿势不可。非然者。即身体之力未用到之证也。

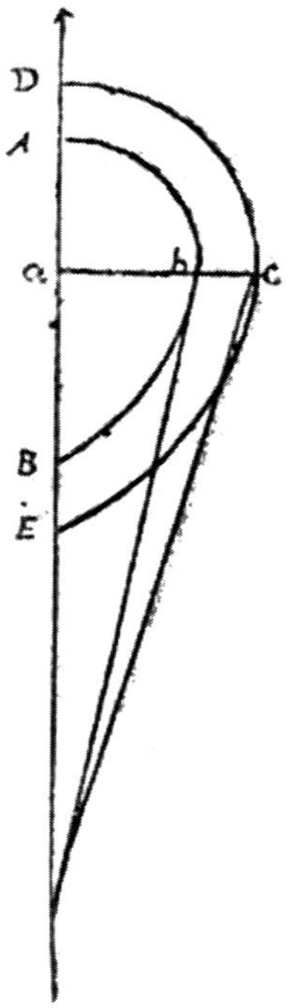

第十三图

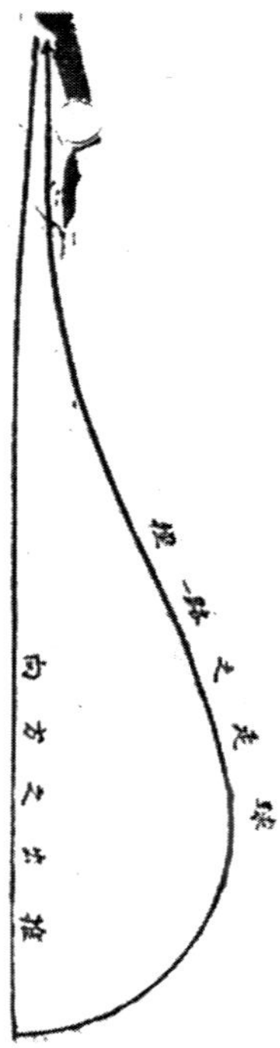

第十四图

（五）推球动作之重要机械作用　推球之身体动作，一为转体，一为屈体，两者混合举行，常人莫不阴眼。若举行之时，身体在一前后平面上运动，则力学之利益未能利用，盖据第十三图所示，球受肩臂之回转动作，本走弧线，其属圆运动无疑。若从两脚落地，上体向前倾之部位，由右而前，由前而右，作一圆运动，则球走之路，在倒圆锥形底 AbB 面上，而其路为 DE 弧也。如是则圆弧之半径，必为圆锥形底之半径 ab，及球与体轴间之距离之和 ac 也。按圆运动离心力之公式，$v = w^2 r$，圆车增加，角速度不变，线速度当然增加，此种圆运动之结果，在水平面上投影，则如第十四图所示，可以证明。

（原载《体育杂志》1929 年第 2 期）

对于本届女子百米第一湖北选手冯女士跑式之批评

跑之格势有两种:(一)专用之于短距离者,德人称之为踏步式(Trestil)从几何方面讲,则身体前倾与地面成五十五度,至六十五度,上臂与小臂间成九十度,上臂前后摆动之势大而速。脚着地之点,在膝盖骨正射影之后,脚跟不着地,从解剖方面讲,则腿之伸肌多,用屈肌少(腿上之肌肉,伸肌小于屈肌故此式只适用短跑)。(二)用之于中距离及长距离者同拉拖式(Zugstil)从几何方面讲,则身体前倾七十五分至八十度,上臂与小臂间之角度为七十至一百二十度。向前之速度愈大,上臂向前摆之角度愈高,脚着地之点,在膝盖骨正射影之前,脚后振之时,高等于臂。步伐额长,以平脚着地上体及肩左右旋转,上体完全放松。从解剖方面讲则用屈肌多,用伸肌少故宜于中长距离。世界上最有名之中距离跑家如德国之配尔采氏(Peltzer),方法到家,造成空前之世界纪录,八百米之成绩为一分五十一秒十分之六。一千五百米之成绩为三分五十一秒,迄今未见打破。在本年一月上旬,氏曾至上海南京两处表演,据氏云在起跑三十米后,百米亦可应用此式。可见此式效用之广。惜华中诸运动员未见之见也。但本届运动会中,有一位百米决赛第一湖北冯女士之跑法匹配尔采氏之格势,不约而同,宜其夺得锦标,称雄于女界也。惟配氏之上体左右转动较甚,以后能学习到家,可造成吾国空前纪录。实为厚望焉。此势因全体放松,又称自然式。跑时颇节省精力。现中央体育科已有三学生照法陈习,额有成效。如欲明其原理,请读鄙人所著之《运动学》可也。

(原载《第四届华中运动会特刊》,1930 年)

手球[①]

此球戏为德国普及之球戏，球似足球，与美国之手球囧乎不同。吾国尚未采用。东北大学与中央大学之体育指导员，均系德籍，已相约就其所在学校学生，各训练一队，以便在本年全国运动会中比赛表演，作者受双方委托，将规则译成中文以供国人之参考。

第一节　比赛之大意

手球为两队比赛之游戏，每队十一人。每队均有两种责任：一为将所有之球投入对队之球门中；二为防止对队掷来之球进自己之球门。

球门区域，除自己之守门员外，他球员概不得入内。

每队之十一人中，前五人为冲锋员，其后三人为奔跑员，次后两人为防守员，最后一人为守门员。

冲锋员实为进攻之人。其任务为带球至对方场地，乘隙将球传进对方球门，或在适当时间，竟将球投入球门，而脚并不踏球门区之内。

奔跑员贵襄助冲锋员进攻，同时作第一道防线。故其所站地位，常在冲锋员之后，而与之联络；有时对方之人冲锋入，奔跑员应冲锋断其进攻之路；遇必要时急速后退，襄助后方之人防守球门。防守员停留越位区内，或其附近之处，

① 本文由吴蕴瑞翻译。

当与中间之球员联络。守门员防守球门,停留于球门前之球门区域内,但亦能随意。

此种次序,常应保存;但在比赛之时,亦可变通位置。守门员如欲更换,须通知裁判员。

第二节　比赛规则

第一例　球场

球场为长方形,九十至一百十米长,五十五米至六十五米宽。长边名曰边线,窄边名曰球门线。

在每球门线之中央,设有球门,高二米四十,宽七米三十。球门柱上,用四方横木制成。球门柱与横木,至宽为十二糎。

球门区域之划法,先在球门前,距离十一米之处,作七米三十长之线,与球门平行。在此线两端,同以十一米为半径,以球门角为中心所作之两四分之一圆相接。其中即为球门区。

离球门线十六米五十,作一平行之线,名曰越位线。越位线与球门线之间,统称越位区。

在越位区之内,作距球门十六米五十而与边线平行之线。此线为罚球区之侧边。

在每门中间之前,距十三米之处,作一一米长之线。

在两边线之中点,连成一线,名曰中线。在场之中央,画有发球圈,其半径为九米。

在场之角上,越位线与边线之交点上,罚球区之侧线与球门线之交点上,均须插有边旗,其高至少为一米五十。越位区、发球区及球门区,不论何时,须能看得分明。

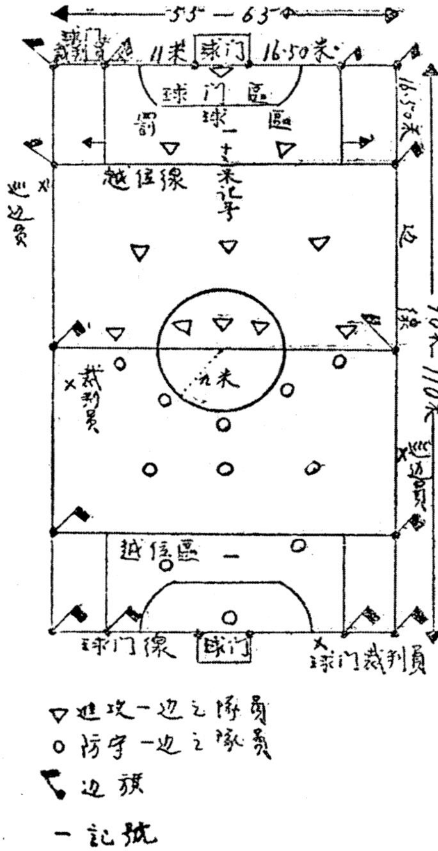

男子之球场

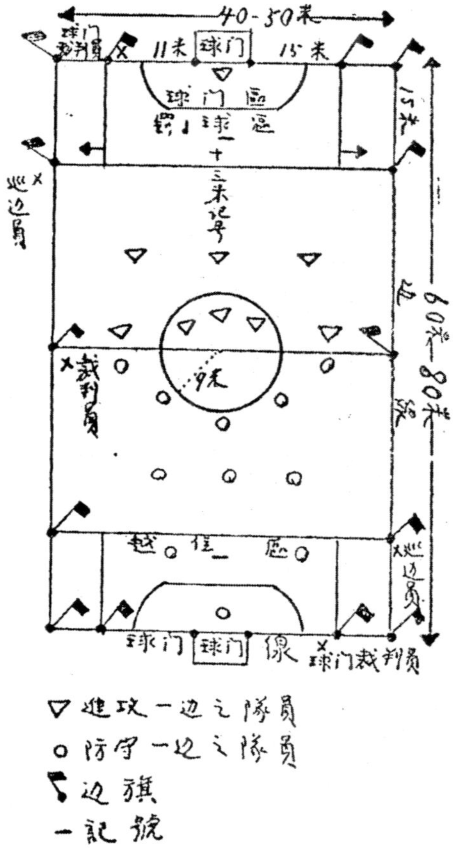

女子之球场

第二例　游戏器具

手球游戏所用之球，其圆周须为六十糎，其重由四百至六百克。

第三例　球队

每队有十一人，正式比赛，至少八人出席比赛。在比赛时间终了之前，可以补入，至十一人为止，惟队员不能更换。

已出场之球员，不能再进场。

在比赛中，球员之调换，事前须经双方同意。

不论何球员入场及出场，均须报告裁判员。

一队球员减剩八人，仍可照常比赛。

有钉鞋、足球鞋之有尖钉者，长靴有跟者，臂上之绷带及无边之眼镜等，皆不准用。

球员之靴上，不准附有金属片或橡皮块等。靴上所有之钉，须完全钉入皮中。皮岗只能在靴底下横装，须平，至少宽十二粍。皮钉须呈圆形，其直径至少为十二粍。尖头之皮钉禁用。

有边眼镜须用带缚牢，使之稳定。

在比赛开始之前，裁判员有检查球员佩戴物之责任。犯规品须除去，否则将犯规之球员斥退。

第四例　比赛之时间

一队抽签得胜者，先选择场区，对队先掷球。发球之动作，随裁判员鸣笛之后，由中锋举行，向场中央投出。须经他球员触球之后，中锋再能第二次触球。非发球一队之球员，在有效发球之前，离球至少九米。在发球前，无论何球员不能跨过终线。犯之者，对队掷任意球。

比赛时间为 2×30 分。女子及学校学生十四岁以下者，则为 2×20 分。中间休息十分钟。休息以后，则位置与发球均对调。中间遇有停顿之时间，可在半时后补足之。经两队与裁判员之统一，可缩短休息之时间。

两节时间之后，分数相等，不分胜负，则需继续比赛。再令两队长抽签，定谁应发球。休息十分钟之内，如胜负依然不分，于是再休息十分钟，由第三次抽签决定场区，比至投中一球而止。若十分钟以后，再不分胜负，则约行第二次比赛。女子之规则与男子同，惟延长之时间为 2×5 分钟。

在延长比赛之时间，各队队员之地位，不能更变。

第五例　掷球与接球

球能用手掷出，臂击出，头胸大腿膝撞出。以下诸条则禁用：

一、球在手中连跑三步，或脚在原地踏三步。

二、球在手中停三秒钟。

三、球员触球之后，该球员未见触于人，亦未落地或触运动器械，则该球员不能再触此球(如向高掷球用手接之及打之，则犯此规)。

四、以小腿与脚触球。

立原地或跑时，可以掷球于地上而再接之。

接球犯规，因无转移之余地，或在不可避免之处，则可不罚。

第六例　对手之阻碍

用一开张之手抑对手手中之球，形同从前方阻止对手之前进，为规则所许可。惟女子则不可，犯之者，罚掷任意球。以下诸动作，在禁用之例：

一、以两手握对手手中之球，或以拳击之。

二、以一臂或两臂抱持对手，或用手妨碍及打击之，从其后方行危险之冲跳及危险之阻挡。例如当对方前进时，以腿突然前出或身体向前下伏，以阻挡对方前进之路。

三、推或撞对手至球门区中。

四、用球故意掷击对手。

若一球员有球而跌倒，球压身体之下，裁判员可立刻鸣笛，若无处罚之必要，则裁判员掷球而使比赛继续。

第七例　球门区

球门区只有守门员可以踏入。若余外之球员踏入，则执行以下各项处罚：

一、进攻之一队犯之，则被罚一任意掷球。

二、防守一队之队员，以两脚立球门区中，显然作防守之工作，则罚十三米掷球。余则罚角球。

免罚之例：

一、身体突入，而两脚在外面者。

二、球掷出以后而冲入者。

无论何时,均以队员脚立之地位为准。

球在球门区中,球属守门员。在该区域之球或在该区域内滚之球,他人不能取出继续比赛。防守之一队犯此规,则给以罚角球,如进攻之一队犯之,则给对队掷任意球。

球由球门区中滚出,或跳出,或从球门弹出,可以继续进行。

若防守一边之队员,最后触球门区内进行之球,则照以下之方法解决:

一、球进门则算中球。

二、分明之回送之球(即守之一队员向后传之球)。

(一) 守门员接得是球,罚十三米掷球。

(二) 守门员未触球,则罚角球。

三、一投门之球,防守一边之队员,防守时触之,不论守门员接到或停球门区内,则球向外掷出。

第八例　守门员

守门员准做各种防御之活动。球向球门或球门线而来,可以用脚踢之(不合则罚角球)。有球之时,并可在球门区之中,任意奔跑。

在有意延迟时,裁判员鸣笛之后,须在三秒钟内将球送出球门区(不然则罚角球)。

守门员在球门区中,勿得侵犯他人。(罚任意球时)守门员走出球门区,则与其他球员在一样之地位。

守门员不能将球带入球门区。

换守门员,须报告裁判员。新守门员踏进球门区之前,旧守门员须先出球门线。犯此规者,罚十三米球。

第九例　中球

球掷过球门线,在两柱之内,横木之下,触地上者,则为中球。由空中通过而同样进门者,亦得为中球。

在中球之后,再到场中发球,输之一队先掷。

中球数多之一队,定为得胜。

中球数两队相等,或两队皆无中球,则此比赛无结果,延长时间续赛(参观第四例)。

第十例　越位

进攻一队之球员,身在越位区之内,其时球在越位区之外,名曰越位。于是鸣笛中止球之进行,与对队球掷任意球,从越位区中继续再比。

第十一例　向内掷球

一球员将球掷出场外,过边线,对队在球出界之处向内掷球。掷时用两手过顶而掷,立边线之后,对队之人不得阻碍之。掷球者在他人触球后,可再触球。

第十二例　掷角球及罚角球

一、球过自己一边之球门线或球门上,则掷角球。此种掷球,从球门线与边线交点之角上举行。

二、罚角球则按以下各条而执行:

(一) 球停在球门区内,未经守门员之触球而取出继续比赛者(例七)。

(二) 踏入自己之球门区(例七)。

(三) 守门员不应用脚防御时用脚(例八)。

(四) 守门员在将球掷出之时,踏过球门区之线(例十三)。

(五) 裁判员鸣笛之后,守门员迟过三秒钟方将球掷出(例八)。

(六) 在球门区内停留或滚动之球,防守之一队取出而继续比赛者。

罚角球宜在罚球区线与球门线之交点举行。

三、掷角球与罚角球,可直接投射球门。

第十三例　从球门将球向外掷出

对队队员将球透过球门线或球门，则球由球门区向外掷出（例十二，二一）。其投出之方法不拘，亦可用高打（即向空中抛起而打出之谓）。

第十四例　掷任意球

在下列各情形下，则掷任意球：

一、发球违例（例四）。

二、掷球及接球违例（第四例及第十六例）。

三、阻碍对手之行动（例六）。

四、进攻而侵入门区内之违例（例七）。

五、在越位之地位（例十）。

六、投球入场之违例（例十一）。

七、在发球，投球入场，掷任意球，掷角球，罚角球及罚十三米球，球脱手之后，未经他人触球而继续触球者；投门之后从球门弹出触球，可继续触球（例十六）。

八、球员未报告裁判员而入场者（例三）。

九、罚球时脚过十三米记号者（例十五）。

掷任意球，在违例发生之处举行。若该处距球门区六米以内，则防守之队可以沿球门区而立以防守。任意球之掷出，至少距球门区四米。

任意球，可直接投射球门。

一队被罚任意球，则已陷于不利之地位，其他之处罚，裁判员可以免罚之。

第十五例　投罚十三米球

犯以下诸例，则罚十三米球：

一、在自己之罚球区内，用粗暴野蛮之举动，以阻碍对方之队员（例六）。

二、两脚立于自己球门区之内，以达防守之目的者（例七）。

三、与己对之守门员，一分明之回送球（第七例）。

四、守门员将球拿入球门区(第八例)。

五、换守门员之犯规(第八例)。

罚十三米球时，除罚者及守门员，其他各球员，皆退至越位线之外。掷之动作，随鸣笛之后，由十三米之记号上举行之。该球可直投球门。惟罚球员不能踏过十三米记号(罚任意球)，及球掷出之后，向后倒或踏过该记号，不受何等处罚。

掷出之前，如进攻之一方，即向前攻，则球虽罚进，不算，重罚。如守之一方进攻太早，则罚不中时，须重罚。

在执行掷任意球或罚十三米球极短时间之前，比赛时间已了，则静候执行之完毕，再行鸣笛告终。

第十六例　裁判员鸣笛之后球掷出

发球，掷角球，掷任意球，罚角球及十三米球，在裁判员鸣笛之后三秒钟之内掷出。(掷任意球)

掷球之球员，在他人已触球之后，能再触球。但投射门之后，从球门上弹回之球，掷球员可继续触球。

在此种掷球时，对队之各球员(从门外掷球时，亦如是)须离球六米，规则上无其他规定。

掷角球，任意球，罚角球，手执之球可以过边线，惟双脚须立在场之内。

裁判员鸣笛之后，执行掷球之时，球停在掷球者之手中。

第十七例　裁判员掷球

因任何偶发事项，如比赛时危险之粗暴举动，危险之跌落以及不幸之事件发生，致比赛中止，球并未过球门或球门线或入球门区域者，则裁判员掷球。

裁判员从球中止之处将球垂直向下掷球。所有球员，在掷球之前，须离该处六米。

第十八例　比赛裁判员

每次比赛，须有一裁判员支配一切，至少有两巡边员，立于边上。

正式之大比赛，须有两巡边员，两球门裁判员。

裁判员须自信为此比赛场上有最高权力之人。有开始及终结比赛之权，有中止比赛之权。尽量与球靠近，使遵守比赛规则，并独立解决一切问题。其判决，他人不能辩驳。

遇一队员以危险之手段阻碍对队之人，裁判员得宣告犯规，并斥退犯规之人。

巡边员专看掷球入场，掷角球及从球门掷出球等，并襄助裁判员正当管理比赛之进行。

附则——德国运动会之定则

第一例

女子球场，长六十至八十米，宽四十至五十米。球门宽五米，高二米十。

球门区之前边长五米，与球门距八米，以球门角为中心，以八米为半径，作四分之一圆，与球门区之前边相接。

离球门线十五米，作与之平行之线，作为越位线。

离球门之中央十一米，作一记号，为罚十一米球之地位。

（原载《体育》1931 年第 2 卷第 1 期）

短跑起跑之科学研究

短跑项目包括五十公尺一百公尺二百公尺及四百公尺。此等项目起跑姿势之良否与成绩大有关系。最近美国有不少人从事科学研究，大有可供吾人参考之处，兹汇举于下：

一、起跑时四肢活动之次序

人体之活动合乎物理之公式者属自然，不合乎力学之公式者属不自然。人之行走也，左脚前跨，右臂前摆，右脚前跨，左臂前摆，所以使身体平均及重心稳定也。反之，若右脚前跨，右臂前振，或左脚前跨，左臂前振，则身体之左右两边必摇摆不堪，重心不得稳定，身体之前进困难，故人类自进化以来，即以合乎物理之原则而行动。在神经之反应中，动作之调协，间成有一定反应顺序而毫不紊乱，故一人自能脱离襁褓而独立行动之后，莫不照此种法则而行动。短跑中之蹲踞起跑，四肢动作次序之先后，亦不外乎身体左右平衡之原则。援勃雷司纳罕(Bresnahan)之研究，短跑起跑时四肢之动作有一定顺序，其结论如下：

(一) 用右脚在后，左脚在前之蹲踞起跑者，起跑时四肢离地之先后为先左手，次右手，次右脚，终左脚。

(二) 用左脚在后，右脚在前之蹲踞起跑者，起跑时四肢离地之先后为先右手，次左手，次左脚，终右脚。

(三) 用两手皆便之短跑者，离起跑穴时，四肢无一定之顺序。

(四) 以上(一)(二)两种活动之方法，为反射运动，在蹲踞起跑式中为正当之顺序。

作者以为初学起跑者，指导员应注意其四肢起动之次序，照(一)(二)两条之结果。盖蹲踞起跑上体先离地，而右脚在后当然先起，右脚既先起，左手当然先动右手后动，方合平均之意义，故右脚在后之起跑，当以先左手次右手次右脚终左脚之次序为是。彼用两手皆便之短跑者，右脚在后，有时左手先起，有时右手先起，右手先起，即失平衡之意义，宜免避之。

二、起跑时脚之位置对于起跑之时间与跑速度之影响及身体之尺寸与足地位之关系

关于起跑时脚之部位先后之出入，能相差至多，影响起跑之时间必不少。各国所出版之田径运动书籍中所举之方法，多互相抄袭，甚至以有名运动员沿用之方法为方法，未尝加以科学之研究。狄更生氏(Dickinson)对于起跑时脚之部位对于起跑时间，加以科学的研究，觉大有可供一般运动指导员参考之处。氏对于起跑时间之定义为：放枪之时间至后脚离地之时间。人之反应时间同，脚之部位不同，则时间至长短可以改变。氏将脚之部位分为四种：(1)两脚远离之起跑法，即起跑下跪预备之时，后方一腿之膝与前脚之跟相接；(2)距离适中之起跑法，即下跪预备之时，后膝与前脚之脚弓相平；(3)弹式起跑，即立直之时后脚尖与前脚跟相接；(4)自然起跑法，即各短跑员寻常所习用之起跑法，而认为极自然者。至于手之部位背之姿势则随各人之便。

对于体格之对脚的部位，则量身体之各种尺寸：(1)体高即身体直立之高度；(2)躯体之高，从第七颈椎至座椅上，被量者身体坐直；(3)臂之长度，在跪之部位，同时以食指与拇指着地与体做成弓形，拟作起跑之姿势，从肩峰量起而至地上；(4)体重以磅为单位；(5)小腿及大腿，从立之姿势，从股骨头至地面之距离。

(一) 氏研究之结果之关于起跑式与起跑之时间者如下：

1. 用弹式起跑结果起跑之时间至短；

2. 两脚远离之起跑式最慢；

3. 距离适中之起跑式起跑时间亦适中。

(二) 氏研究结果之关于起跑式与起跑后跑之速度者如下:

1. 弹式起跑后跑定距离之速度,比用他种跑式为快;

2. 两脚远离之起跑式,跑之速度最慢;

3. 距离适中之起跑式时间亦适中。

(三) 人体高者与人体矮者起跑,其身体之尺寸与其脚之部位之比较如下:

1. 前脚与起跑线之距离视跑者身体之高矮而异,与起跑式无关。例一高五呎八吋之人,在两脚远离之起跑,前脚与起跑线离十一吋,距离适中式为十三吋,弹式为十八吋;一六呎高之人,则以上之式,前脚与起跑线之距离为十四吋、十六吋及二十一吋。

2. 后脚与起跑线间之距离,视个人小腿及大腿之长度而定,与起跑之式样无关。体高者距离较大。例如五呎八吋高之人,用远距式,后脚离起跑线为三十七英寸,用适中式为三十三英寸,用弹式为二十八英寸;体高六呎一吋之人,用远距式后脚离起跑线四十二英寸,适中式为三十七英寸,弹式为三十二英寸。

3. 两起跑穴之间之距离,高者与矮者所差不多,因此距离脚之大小为重要要素,人不论高矮脚之大小所差极微也。例如高五呎之人,远距式两穴间离二十八吋,适中式离二十吋,弹式离十吋;体高六呎一吋者,远离式为二十八吋,适中式为二十一吋,弹式为十一吋。

三、起跑时呼吸习惯之研究

对于起跑时呼吸问题,主张至多,群斯(Jones A.S)说,正在枪放之前,起跑者应深吸气,于是屏住之。群斯氏(Jones T.E)则说,在就位之前,须深呼吸数次,而在跑时,呼吸宜自然。韦格南说,在就位之前应深呼吸十分钟,在就位而令预备之时,则屏气不息,至跑第二步时气始渐渐呼出。奇尔(Gill)主张预先深呼吸,令就位时吸气。劳勃孙主张在预备时宜深呼气。裴道克氏(Peddock)主张在未就位之前呼吸须自然,在令预备之时须深吸气。范尔干氏(Felker)之研究,其结果如下:

（一）有训练之运动员，在令“就位”与“预备”之间，呼吸照常。在令“预备”之时，完毕其呼吸之动作(即预备令时在吸气之初则吸完而屏住，在呼气之初则呼完再吸足而屏住，令在吸气时之末者，则不再呼即屏住)，于屏气不息，至枪发而至，可知发脚之时皆在气吸满之时，而一时停止呼吸。

（二）无训练之运动员从令“就位”至枪发之间呼吸一直照常。

（三）短跑员在令“预备”之时，屏气不息，系由训练而自然得之，可不必有有意的注意。

（四）短跑者起跑之呼吸，有两种生理上之同步骤：

1. 使某距离之路有空气之供给；

2. 使与注意有相当之调整。(呼吸暂时停止可专心注枪之发声。注意枪声停止呼吸，为天然之趋向，犹寻常十分注意事物之屏气不息，并非起跑者特殊之现象也。)

四、各种起跑式对于前后脚用力之分配

对于此问题，以前写运动书籍者有各种主张。佛来满氏(Frymir)说起跑时推之动作应用前脚行之。屋墀氏(Olds)说推之动作应有后脚行之。罗勃森氏(Robertson)说起跑时，后脚勿用力，不过专注意将脚快离穴，而快向前下地。权脱堡氏(Hjertberg)说起跑时身体之重量勿置后脚上，故脚得自由活动用力后推。美国吉斯峦氏(Kistler)用四种跑式做实验：第一种为弹式，第二种为自然式，第三种为适中式，第四种为远离式。其结果如下：

（一）短跑之起跑，不论两穴间之距离几何，皆用两脚推动。

（二）不论脚之部位如何，而前脚所用之力量大小无多大出入。

（三）两穴间之前后距离增加，则后脚有较前脚多用力之倾向。

（四）两脚前后之距离近二十吋者，则两脚推动之力量几相等。若此距离过于二十吋，则后脚之力量将渐多于前脚。

（五）两脚间前后之距离增加，则两脚推地力量之总数亦增加。

（六）从此研究而评判，自然式起跑者大多用前脚推动之力量多。

五、短跑起跑时之反应时间

起跑时之反应时间者，即枪发声时至脚离穴之时间也。人们有此反应时故计时员之停表，有在终点线冲断以后几分之一秒之后之可能。依据 Griffith 氏之研究，短跑起跑之反应时间为〇・五秒。在百米赛跑中段十分之一秒能达三呎之远，而两百米之决胜负常以数时定者，则此反应时间能缩十分之一秒，与跑之地位大有关系。日人 Nakamura 反应时间，以起跑之反应时与简单之反应时比较。所谓简单之反应时间者，即量槌之发声与左手食指放开键间之时也。此种反应只含极少量之肌肉比较的快。按氏之研究结果，则得以下数条：

（一）简单反应时间之均数为千分之一三二・九八秒，起跑之反应时间均数为千分之一七九・六三秒。简单反应时间与起跑反应时间差之均数为千分之四六・六五秒。因简单反应之动作，只含一指之动作，而起跑之反应动作则含全身之肌肉也。

（二）在令"预备"及放枪间之时间最合宜者为一・五秒。若发令员正用此时间，则反应之时间差之均数常一致。此种发现可由被测验者之报告而证实。据其报告谓，一秒钟太短不能集其注意力于平均稳定之姿势；两秒钟太长，因注意力下降。将使起跑之动作完全由感觉起矣。（按起跑时是听得枪声而身体冲出，并非听得枪声而准备起跑。）

（三）受试验者之半数不行比赛时快，一半行比赛时快，此种心理上之效果不得而知。

（四）在"预备"令及放枪之时间，为起跑之重要点。跑者须料枪之发声，而枪发之时适为其注意力在最高度，同时反应欲反射运动然。枪发之后，跑者须专心于得胜。

（原载《体育季刊》1936 年第 2 卷第 1 期）

论起跑

一、起跑式之研究

人在静止之时，速度等于零；起跑之后，经若干距离，则速度达最大之程度。起跑之目的，在使静止之身体在最短时间及最短距离之内，达最大之速度。欲达此目的，非用各种方法不可，其主要原则在应用力学。盖人体在直立之时，两腿正在重心之正下方，欲在此部位行向前速进之推动，大半力量费之于向上之方向，对向前之速度之贡献不多。若将身体倾倒，成蹲踞之姿势，则腿向中心推之力量可多半贡献于向前速度之增加，而中心得向前移动，故起跑宜用蹲踞式；直立起跑之所以不可法也以此。虽然蹲踞起跑有种种不同之势，究以何种为最合理而最有效，不得不详细推考，爰分析于下：

（一）第一种：两手与前足尖在起跑线后，同在一直线上，后脚之膝与前足之跖部齐，两脚立入穴中，后脚推身体之力经重心之前，跖部与重心连成之线与地面所成之角太大，故起跑之后身体易于抬起。且因上下肢相隔太近，身体弯屈太多，在预备之姿势中觉不舒适，今已废弃不用。

（二）第二种：手与前脚尖不在一直线上，但脚之与手之距离及两脚之距离之多少，各家之意见不同。据 Hjertberg 之主张，前足应置前起跑线后，下跪时，后退之膝与前脚平。Robertson 主张，前足离起跑线六吋，前后脚之间为一小腿之长。Gill 主张前足在起跑线后十二英寸，后腿之膝与前脚之趾部齐。Halm 说，前脚与起跑线间之距离，视人体格之大小而定，但大概之距离为六至八吋，下跑时后腿之膝应与前脚之跗骨齐。Wegner 说,前脚应在起跑线后四至六吋,下跪时后腿之膝与前脚弓齐。Jones 提出三种起跑法,依身体之大小而择用之:体格小者可用 Bullet 式,此式之前脚距起跑线十八吋,后脚距起跑线三十吋;具中等身材者,用前脚距起跑线十二吋,后脚距起跑线三十四吋之式;身体高大者用寻常之方法,即前脚距起跑线六至十吋,下跪时后膝与前足趾部齐。Butler 主张,前脚距线为一脚之长,后腿下跪时膝与前脚跟齐,各人之身高为决定距离之要素。Frymir 主张,前脚距离起跑线五六吋,下跪时后膝与前脚跟齐,腿之长度为决定距离之要素。以上各家主张不同,究用何种方式为合宜,Dickinson 氏用两脚在各种距离来实验,氏归纳脚之部位为四种:

1. 长距起跑:膝下跪时后腿之膝与前脚之踵齐;
2. 中距起跑:膝下跪时后腿之膝与前脚弓齐;
3. 短距起跑:膝下跪时后膝与前脚尖齐;
4. 自然起跑:即寻常运动员习用之自然起跑式也。

测验时,以上各式各保持一律之距离,惟手臂及背无一定之法则。前脚与起跑线间之距离由运动员自定之。在预备之部位肩臀之平面与地面平行,后膝微高于踝节。大拇指与食指做弓形置起跑线后。除第三种之外,所有其余之式,臀部之高于肩,发脚之快慢依出发时间之多少而定。所谓出发时间者,即枪发之后,至前脚离地之时间也。虽然此时间之长短,尚不能断定其为合用,须测其出发后所跑之短距离之时间之长短,方可知其对于跑之速度之贡献。同时发脚之后,又跑七呎半之路程,其结果如下:

(一) 出发时间之长短

1. 用短距起跑:结果出发时间最短;
2. 用长距起跑:结果出发时间最长;
3. 用中距起跑:结果出发时间居前二者之间。

(二) 出发时枪发之后至跑七呎半路程之结果

1. 用短距起跑之时间最短;
2. 用长距起跑之时间最长;

3. 用中距起跑之时间居前二者之间。

（三）身体之尺寸与脚地位之比较

1. 前脚离起跑线间之距离之大小，视身体之高度而定，与起跑式无关。例如五呎八吋高之人，前脚与起跑线间之距离，在长距起跑为十一吋，中距起跑十三吋，短距起跑十八吋；身体高六呎一吋者则为十四吋、十六吋和二十一吋。

2. 后脚与起跑线间之距离与各人小腿之长短有关系，与起跑式无关，身体高大者较远。例如，身体高五呎八吋者，后脚与起跑线之距离在长距式为三十七吋，中距起跑为三十三吋，短距起跑为二十八吋；身高六呎一吋之人，为四十二吋、三十七吋和三十二吋是也。

3. 两起跑穴间之距离，体高者须较大，因其脚较长也。

以上测验之结果，原著并未有解释，据作者之推考，长距起跑后脚用力之机会少，因脚较在伸直之部位，工作距离小，一方前腿之股膝二关节屈太多（因前脚与起跑线间之距离短），各关节伸肌之肌末角太小。短距起跑则因前脚与起跑线间之距离较长，前脚在合式之部位，同时后腿与前脚之距离近，故后腿之工作距离大，两腿之力既能充分利用，则前冲之力量自大，向前进之加速亦自大矣。

二、起跑后之跑式

出发之后，第一步向主张缩小，因恐步大而身体起立也。两腿推动身体之前进，照上述原则，身体倾斜之度愈大愈好，然头几步缩小，以达此倾斜度大之目的，原非得计。最近主张头数步步伐较大，同时身体向前倾斜，则身体之部位与向前之速度，皆有良好之程度。虽然头数步步伐之放大与身体之前倾不能两全，因步大身体不易前倾也。故又有人主张用两臂之动作以补救之，即起跑时后脚前跨之动作中，同边之臂用力向后上振，盖其反动力足以使上体向前下屈也。同时他方之臂照旧有之式向上振之动作，代以向前振之动作，因前上振之动作，其反动力足以使身体上抬，今易以前振之动作，则其反动力足以使身体前冲而身体不上抬。如是则第一步虽放大而身体不致上抬，向前推进之速度增加。倘第二步上肢亦作相似之动作,则身体不致速起而向前之速度增加。

三、呼吸之问题

呼吸所供身体之需要,由自动神管理之,平时本不须注意。虽然在许多活动之中,能设法用意志节制之,可有不少利益,如游泳其例也。在起跑之时,呼吸不但与出气有关系,并与注意力有关系,估量对手,预料放枪,准备之感觉,在含有注意一要素。故在预备及枪发发脚之间,呼欤? 吸欤? 抑不管其呼吸如何乎? 为尚待解决之问题。A. H. Felker 氏测验二十四个有训练之短跑员,六个无训练运动员,其结果如下:

(一) 有训练之短跑家用气鼓针画熏烟纸,而得其曲线(如第一图)向下之部份为吸气之时,向上之部份为呼气之时。今观甲乙丙丁四人熏烟上之曲线,可以见甲在令预备时,正在吸气终了之时,吸气之动完毕,于是将气屏住;乙给预备令时,正在呼气开始之时,呼气完毕,再继以饱吸气之动作,于是屏气不动;丙

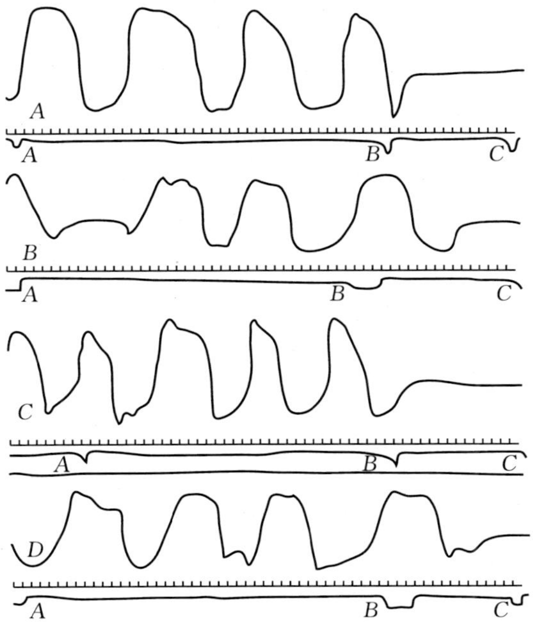

第一图

正在吸气终了之时，于是屏气不息；丁正在呼气完毕之时，听得预备令呼完，继以充分吸气，于是屏气不息。

照以上之结果看来，预备令发之时，每次在吸气完成之末，才行屏气不息，不问预备令在何时发出。

（二）无训练之短跑员：六人中只有两人屏气，余四人不屏气，呼吸照常，直至发脚为止。

（三）一短跑运动员经训练之结果，如第二图，丙丁两种曲线，丙为未训练前之呼吸情形，在起跑之整个动作中，其呼吸之方法纯属自然。丁为训练六星期后之情形，在发“预备”令之时，正在吸气终了之际，继以屏气不息至出发为止。

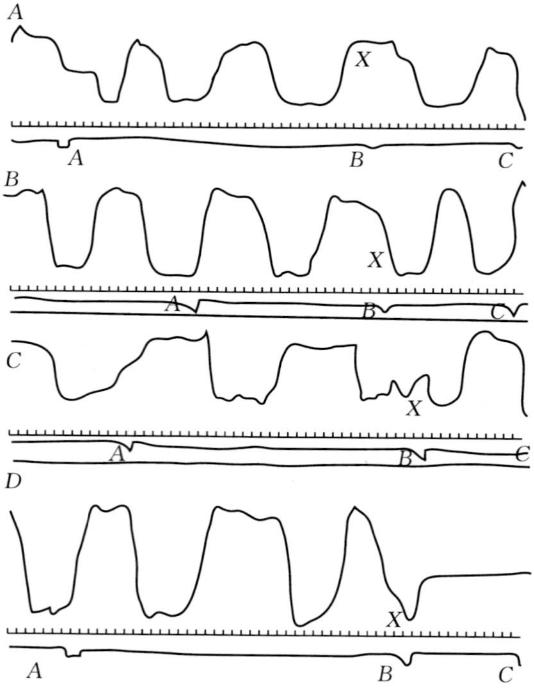

第二图

其所以有此结果者，因起跑之时注意力须集中，停止呼吸则注意力自集中，人用触觉辨精细之物，听微细之声音时，莫不停止呼吸。起跑亦即根据是理也。

虽然停止呼吸,多在吸气之后而不在呼气之后,何也?因人之吸气,有肌肉之活动参加于其中,呼气时则吸肌放松,吸满之时保持停止易,呼出之后保持停止难也。

四、短跑员与发令员间之各种问题

(一)发令员应有之认识

寻常以为,发令之责任在使运动在均等之机会中发脚,以不致有人偷跑为尽责,并能看出犯规,迅速罚人为能手。不知此乃消极方面之能力,而非积极方面之本领也。发令员之好坏与运动员成绩有关,发令得法,成绩优良,否则成绩不佳。故发令员之目的,在使优良之运动员在合法之活动中造成优良之成绩,"放枪"与"预备"令中间时间之相距须在一秒与二秒之间,最好为一秒半钟,因照注意力最强之时间为一秒至二秒也,发令过慢或过快者,皆非发令好手。

(二)运动员听枪声而出发之方法

1. 运动员自己想象听得枪声立即离穴,在运动心理上称之谓 Sensory mind;

2. 运动员自己想象枪声发立即从穴中跳出愈速愈好,此种场合,运动准备自己之肌肉及肌肉感觉,注意将来之动作,并非未发之刺激,(枪声)在运动心理学上称之谓 Motor mind。

以上两种方法,其异点在反应时间有显著之不同,盖对于前法须费〇·二九秒,而后法则只费〇·一八〇秒。两者相较,有十分之一秒之差,此时间虽极短促,但十分之一秒可跑三呎路程,在跑之距离上为数不少也。

3. 迎枪(Beating the Gun),即预料发令员枪发之时间,枪发而人体亦同时出动也。此种取巧,不得谓之犯规,因发令员对于发脚之感觉亦有反应时间之关系,不易看出也。惟此种方法与 Motor mind 有关系,即利用 Motor mind 者才能迎枪也。平日练习起跑,此部份极为重要。

(原载《体育季刊》1937 年第 3 卷第 2 期)

（六）运动生理与生物力学

弗斯脱氏之体能测验[①]

体能测验者。用以判断运动员之体格有无比赛资格之法也。法简单精确。而其用途甚广。当精确之体格检查不能施行时。氏之体能测验可以代之。运动员欲行比赛不能自知其体格如何。氏之体能测验可以于极短之时间决定之。故身体不及格或不适于某种运动皆得事前知所从违。不致冒昧从事。有伤身体。

有氏之测验方法谓其他种种测验可以废弃。此不尽然。他种测验。运动员虽不呈病理的现象时。亦可用之。以查知其身体之弱点，病后及操练过等。有益于运动员不少。

身体之不及格。为暂时的或永久的。依据其血运部之记载。最精确而可靠。如络之舒缩。所以使脉压增减(络舒则脉压减，络缩则脉压高)。脉压之高低。足以表人体之健否。(按：络部与人体之代部有相互之关系，吾人饮食时，腹部之络舒大，而脑及肌肉内之络缩小，当运动时，内脏之络缩小，而血液输入周身，全体血液之容于皮肉者，其量甚大。人体健康时，络之舒缩循其轨道，而脉压亦随之循其轨道。人体疲劳或有病时，即无力宰制之，而脉压失其常态。)故用脉压来测验最妙。然是种器械。价昂不易置办。一不便也。须有特别之技术，非普通体育教员所能使用，二不便也。是器械不能随身携带。不能随时应用。三不便也。故弗氏以脉搏为依据。亦能察出身体之状况。且简单精确。

① 本文由吴蕴瑞翻译。

在器械不过一马表。在测验者之技能。不过能记载,诊脉及看表正确而已足。故随时随地。皆可施行。一无困难。兹述其测验之方法如下。

一、被验者直立,验者按其脉经三十秒或一分钟。然后以一分为标准。而记其脉搏之总数。惟被验者往往气内心虚。脉搏之数常多于平时。不可不知也。(A)

二、被验者行十五秒之停位跑。其速度以每分能跑180步为率。验者阅马表。时至立令停止。立即按其脉。经五秒(手术未熟练时可按十五秒然不正确)然后计其一分之脉搏总数。被验者宜直立休息,按脉时亦然。(B)

三、被验者立定休息四十五秒之后。再按其脉。经一分钟。记其总数。(C)

以下之结果为一十六岁某儿童之成绩。

A 行停位跑前之脉搏总数90。

B 跑后脉搏之总数116。

C 直立休息四十五秒钟后之脉搏总数92。据弗氏之主张。将直立时所测之脉搏数。以决定身体之合格与否。极为合理。因立直时之身体。非完全休息。仍有多数肌肉营其工作也。

上述之测验方法。有数项指南。验者不可不加注意。兹分述于下。

A. ①测验之先须缓言以慰被验者之心。以免其气内而脉搏增多。②测验在早晨施行最好。因日内多事操作。劳其心力。脉搏之增多。不能一时减少。故日内而欲测验其脉搏者。不尽可靠也。早晨则不然。经终夜之休息。心平气和。自少外界之影响。绝对可靠。③运动后即刻所测之脉搏。宜以最先五秒钟内者为标准。盖运动之后,脉搏由至多而渐渐减少。最先五秒之数。常较第二五秒为多。例如停位跑十五秒钟。第一个五秒钟之脉搏数为十次。第二个五秒钟则为八次。第三个五秒钟则为七次矣。吾人欲知之结果。乃最大之结果。若以十五秒内所得之数扩为一分钟之总数。则为100[$(10+8+7)\times(60\div15)=100$]。如以第一个五秒钟所得之数扩为一分钟之总数。则得120。[$10\times(60\div5)=20$]相差有二十次之多。在健康之身体此为极普通之现象。因此。测验时。宜以最先五秒之脉搏数为标准也。

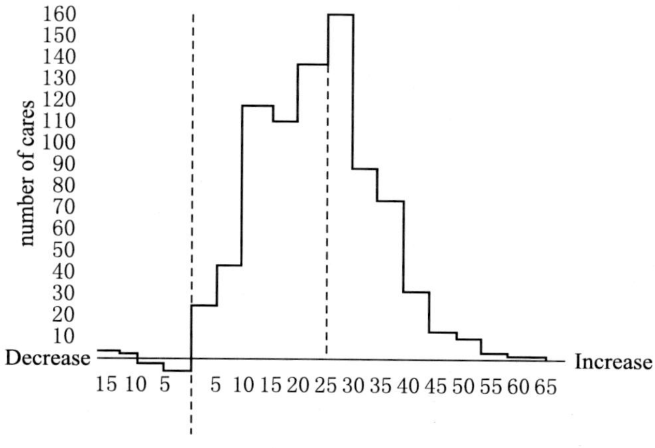

运动以后脉搏增加或减少之描记图

测验之儿童为 824　增加之均中数(Average Increase)为 25　众数(Modal Increase)为 25

B. 运动后之脉搏数。为此种测验之重要部份。A 与 B 间之差。所以表血运部之能力。即差愈大而其能力愈小也。强健之血运。其维持肌肉之工作量大。运动后之脉搏不十分增多。中等学校学生(14—19 岁)若其身体强健。脉搏每分增加之数。决不过 40。在统计一群学生脉搏之增加数时。若其平均数为 20 或 25。则其血运部之能力。大概可得为大。氏曾测验 795 中学生(15—19 岁)。其增加之均中数(即平常所谓平均数)为 25 次(如图)。故 25 即为一标准。在其内者。体能必高。过 25 愈多者。体能愈低。又如运动后脉搏之数。不但不增加。反形减少。是有二种原因。

① 行 A 测验时。气内心虚。脉搏增多。而经十五秒钟运动之后。气已平而心已宽。故脉搏反较前少。

② 是类人之血运部甚强。十五秒之停位跑不足以刺激之使增多过其心虚气内时所测之数。故反较前减少。

C. 在四十五秒钟直立休息之后。脉搏由至高而渐渐低降。回至运动以前之状态中。有时甚或较前少者,亦所习见。

是种脉搏之数。所以表心恢复之能力。运动后脉搏数过多。若其回复甚速。仍不失其为良好之体能。例如较胖之少年。其运动后之增加数。常为30—50。设其体能良好。则C种脉搏必大低降也。

决定体能高低之方法

决定之先。先行三种脉搏数之比较。如以下三项。

一、测验以前之脉搏近于寻常或少于寻常(心之自制力大则缓反之则速)。运动以后脉搏增加之数不过于20—40。休息四十五秒钟后。与未测以前相仿，则其体能必高。

二、测验以前之脉搏多出寻常。运动后增加之数过40。休息后脉搏不速降低。则其体能必低。不宜参与比赛。

三、介于上二者之间。虽其等类不齐。而其决定之方法一也。

(原载《体育季刊》1922年第1卷第3期)

按体能分级之方法

按体能分级，以脉搏复原之迟速为标准（即运动后之脉搏数）。能速减至未运动前之脉搏数者，体能高，愈迟则愈低也。脉搏之不匀者宜注意，并就商于医生。

一、运动之前，令儿童坦然直立，数其十五秒内脉搏之数。

二、令儿童以每秒之步之速度行定位跑（足离地至少六吋）。如是跑十五秒，随即按其脉十五秒而记其数。

三、令儿童静立，休息十五秒。继按其脉十五秒而记其数。如是，每休息十五秒按脉十五秒，相继四次。第一次之脉搏能与运动以前相等者，则为第一等；第二次与前相等者，则为第二等；第三次第三等；第四次第四等；若运动后之呼吸反较运动前慢者，则为第五等。

儿童众多时，教员一人在教室内可测多数儿童之体能，即以下表分与各儿童。然后用码表记时。令儿童自按其心（左乳头下）。教员按码表及上表之次序，告以时间，发令起停。俾儿童自测自记。至表上填完为止。

15 秒	运动前之脉搏……
15 秒	定位跑
15 秒	休息
15 秒	运动后第一次脉搏之数……
15 秒	休息
15 秒	运动后第一次脉搏之数……

（续表）

	15 秒	休息
	15 秒	运动后第二次脉搏之数……
	15 秒	休息
	15 秒	运动后第三次脉搏之数……
	15 秒	休息
	15 秒	运动后第四次脉搏之数……

（原载《体育季刊》1923 年第 1 卷第 4 期）

弗斯脱氏体能测验之改良

一、按脉三十秒钟，凡数次，求其至寻常之数，以二乘之，合为一分钟之数，为实验之标准。……A

二、被验者以每分钟一百八十步之速度，定位跑十五秒钟，随即按脉六秒钟（盖乘十即得一分钟之数）。试验者如无何等经验，按十五秒钟亦可（盖乘以四亦即一分钟之数）。如是以一分钟之数为实验之标准。……B。

注：以上运动之法，有时颇难正确，不若以一足立凳上，高与膝等，于是在凳之足，将膝伸直，身体举起，随即还原，在半分钟内行十七次（即二分钟往还一次），此法较为正确，宜改用之。

三、被验者自运动后休息四十五秒钟，再按其脉十五秒，以四乘之得一分钟之数。……C

第一表　试验前之脉搏数

100 或 100 以内	分数
101 至 105	－1
106—110	－2
111—115	－3
116—120	－4
121—125	－5
126—130	－6
131—135	－7

第二表

试验前与试验后脉搏之差数(B－A)	分数
0—20	15
21—30	13
31—40	11
41—50	9
51—60	7
61—70	5

四、按以下三表脉搏之值,相加可得总分数,即体能之分数也。

第三表

试验前与休息45秒后脉搏之差数(C－A)	分数
5	－1
6—10	－2
11—15	－3
16—20	－4
21—25	－5

(例)设有一儿童试验前之脉搏为95;(A)定位跑十五秒钟之后130次;(B)休息四十五秒钟之后为110次;则得结果如下:

A在100以内故	0分
B－A为130－95或35	11分
C－A为110－95或15	－3分
	8分

(原载《体育季刊》1923年第2卷第3期)

力学与运动之关系

力学之应用，首在机械，次为工程，夫人而知之矣。然从未闻与运动有何关系者。飞机、火车头及实业界各种机械，均为人为之机器，人则为天然之机器，形式虽异，而其运动与得能力之方法则一。骨骼，机件也；肌腱韧带，橡皮带也；消化器，煤炭炉也；呼吸器，通风道也；排泄器，放气管也；肌肉组织，起养化而生营养，输送身体各部，供给其需要，犹煤炉之由燃烧而发动机器也；神经五官，主持一切，犹司机人之管理机器也。

机器以热能而变为动能，由动能而变为工作。用同量之动能，而所得工作之数量，有多寡之不同，犹人有同样之力量，而运动之成绩，有优劣之别也。

欲求机械工作之量多而所费之能力少，除从事力学研究省力方法，不能达此目的。故发明与制造机械者，无不一一根据力学之定律，逐步规划。倘有一部悖其原理，则工作之量，因此减少。人为造化所成，构造不能变更，然运动方法，未尝不可应用力学而改良之。吾人日常举止，皆为极简单之动作，无需讲求力学，增其效能。至学习田径赛，球戏，器械操等运动，则人与物之间，生出种种关系，大有利用力学之必要。以上各项运动，有以人动物者，如足球，篮球等是也；有以物动物者，如网球，霍盖球等是也；有以物动人者，如单杠，横木，吊环，撑高跳是也；有以人动人者，如跳高，跳远，跑等是也。机械不过以人动物，或以物动物，动之种类简单，欲求其工作量与动能相当，非难事也。惟人与物之间，动之种类不一，关系亦极复杂，欲求工作量与动能相当，非研究力学不可，更非精细研究力学不可。

我国武士道，以单手倒立之动作，表现其一技之长，周游各省，到处欢迎。自表面观之，可谓难极不堪。然以力学言之，不过得一重心而能平均支持其身体耳。美国霍林氏 Holine 以特种跳高方法，造成六呎七吋之万国纪录，亦云奇矣。然考其实际，不过霍氏所用方法，能处处合于力学之定律耳。由是观之，我国向所谓秘诀秘法者，皆能从力学得之也。然则研究力学，果可得何种秘诀乎？曰力学无秘诀，不过能告我以下三事耳：

一、指导运动者用力之时间：如撑高跳，何时引体，何时转体等是也。

二、告运动者用力之方向：如跳高、跳远两项，跳之方向与地成直角乎？抑小于直角乎？力学上莫不明白告我，惜吾人不加研究耳。

三、告运动者用力之多寡及速度之大小：如单杠上“向后翻身下”之动作，腹肌须放松，不能收缩。跳高时，跑之速度，不能太大等是也。

无论田径赛，球戏，器械操等之技巧方法，省力方法，使成绩优良之方法，皆可从以上三点根据力学上种种公式求得之。本篇仅一总论，此后当按运动之种类，逐篇讨论，幸读者注意之！

（原载《教育与人生》1923 年第 4 期）

网球之力学根据

网球之取胜于人，其法甚多，而与力学有关系者，厥惟以下二端：

一、球之速度

球之速度愈大，在空中逗留之时间愈短，故球愈急，则敌人之还击愈难。速度与胜负关系之密切，由此可知。欲谋速度大，非研究力学之作用不可。拍网球为一种圆运动，按圆运动之公式，为 $V=2\pi R/T$ ：V 为线速度；π 为圆周率；2π 为常数；R 为圆半径，即肩关节至网球拍端之距离；T 为时间，即网球拍由最后方摆至触球时之时间。由此公式可知，线速度与半径为正比例，即半径愈大，则线速度亦愈大。臂为半径之一部，臂屈则半径短，臂伸则半径长，故拍球时欲球之速度大，非将臂伸直不为功。网拍亦占半径之一部，握柄端则半径长，握柄中则半径短。欲球之速度大，网拍宜握柄端。球拍由最后方摆至触球之时间，既与线速度成反比例，则摆动之时间，非设法缩短不可。换言之，即球拍由后方摆至前方之速度，愈大愈妙。

二、球反跃之方向

接有规则反射之球易，接不规则反射之球难。有规则反射者，即射角与入射角相等之谓也。如（甲）图入射角 aod，等于反射角 bod。球在空中不旋转者，大多如此。若球在空中进行而同时旋转者，则反射与入射之角度不等，而为不规则之反射。设球向右转，反射角必小于入射角，如（乙）图反射角 bod 小于入

射角 aod；若球向左转，反射角必大于入射角，如(丙)图反射角 dod 大于入射角 aod；若球向前转，则反射之球，向网之远方进行，向后旋转者，则球向网之方向反射。旋转之速度愈大，改变之方向愈多，盖合力作用使然也。如(丁)图，球以 AO 之方向着地，如球不转。则以 OB 之方向反射，唯因其向右旋转，有 F 之力，此力在着地前向左斜，生向右之反动力，故球跃起时，受 OB 及 OC 二力之作用，势必按二者合力之 D 方向进行。其角不但小于入射角，且为负角矣。在(戊)图亦然：AO 为入射之方向，OB 为不旋转而反射之方向，OC 为旋转力 F 之反动力，球受二力之作用，遂按 OD 之方向反射。

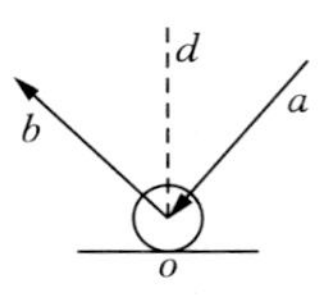

图甲

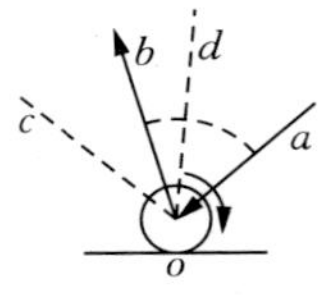

图乙

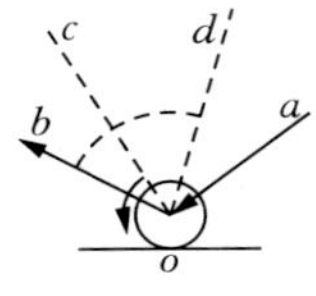

图丙

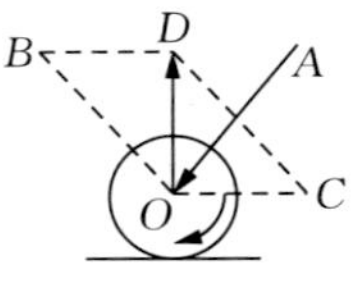

图丁

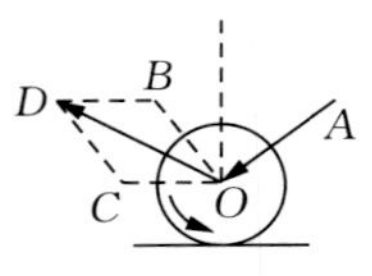

图戊

以上二条，如能明其理由，有助于网球之进步，实非浅鲜。发球时，见敌对队员偏立右方，则向左削球，使球向左射；如偏立左方，则向右削球，而使球向右射。若在往返回击之时，见敌对队员离网甚远，则用劈击法 Chop，使球向网反射，致敌人奔赶不及；见敌对队员离网颇近，则用抽击法 Dive，使球之反射低而速，并向侧面进行，致敌人后退不及。见敌人偏立左方，则向左削(方向与发球相反，发球时拍向下打，而此时则向上打，结果相同)；见敌人偏立右方，则向右削，是为最妙之法。倘练习纯，能运用自如，则困敌有余，胜券可操矣。

(原载《教育与人生》1923 年第 4 期)

运动成绩的进步有限制的还是无穷尽的

近数十年中间，运动成绩一天进步一天，令人可惊。吾想研究运动的人，大家都有一个问题在胸中，就是“运动成绩的进步有没有限制的？”照我的经验和理想看起来，要回答这个问题，须从以下三个小问题来解决：

一、先要问现在所用的运动方法是否尽合力学的公式和定理？若是运动的方法还没有尽合物理，则就方法一点来说，还有改良进步的余地。譬如撑高跳，世界上最高是美人，矣阿 Earr 高四・二六米（十四尺），如果他还想进步，从方法上设法，必须研究他跑的速度，可否增加，撑洞后身体有未有伸直。引体的时候，是否适当，引体的速度，是否极快，转体过竿以后，推的动作是否有力，这几点中间，若有一点还未到，他还有改良余地，还有进步希望。这完全看指导员的学问（明物理），经验和眼光，能不能看出他的弱点来指导他。所以我说，常运动愈进步，指导员愈难做，并非因为他的技能不如学生。因为那时要用力学来解决，要有说明的眼光来观察。

二、第二个问题要问现在运动员的力量，速度，器官的能力有没有到极点？若是两者还有增进的余地，运动成绩还有进步的希望。讲到这一点，我必须详细解释力量，速度和器官的能力等的意味，使读者明了以后，用来实行指导他的学生，来发展他。

（一）力量的大小，看肌肉横切面的大小而定。肌肉横切面的大小，可从练习而增加，每种运动有他所用的主要肌肉。运动员在练习时候，注意方法，平时注意练习力量。在冬天，不能做田径赛的时候，应该注意练习力量。（大概美国的运动指导书籍，专注意方法，德国就不同，方法和力量并重，所以德国的运动书籍，比美国的还好。）

（二）速度有两种，第一种是肌肉本身的速度，看潜伏期的长短和单纯收缩所费的时间而定。温度适当，肌肉疲劳质不见，潜伏就短；反之就长。温度适当，肌肉收缩的速度就大，所以运动员在行剧烈运动以前须先做预备运动，使身体发暖，然后肌肉本身收缩的速度就大。

第二种是神经传导的速度，就是一个刺激，从感觉的器官接受，由司劳神经传到运动中枢而生脑感，再由司劳神经传令到运动机关。其间所费的时间，即神经传导的速度。这个速度各人不同，据德国心理学家 Schulte 的测验，起跑反应时间，最短者为千分之一百五十秒，最长者千分之二百秒。长于游泳者，腿的反应慢，善短跑者及足球者腿的反应快。可见反应速度，随运动快慢的性质而不同。所以运动的时候，须注意速度。操练力量的时候，也要注意速度。若是一运动的速度有进步，他的成绩一定也有进步。

第三种是器官的能力，这条有几方面：(1)呼吸系统吸收养气和呼出炭酸气的能力；(2)循环系统运送养料和养气的能力；(3)排泄系统祛除废料的能力。三种能力的大小，看睡眠，饮食，沐浴，练习等而定。运动员各器官的能力进步，运动成绩亦有进步。

三、第三个问题就是要问人类的体格，是否无穷进步。这是世界运动成绩的问题，与个人无关。若是人类的体格一天高大一天，（如美国大学生二十年来平均增高两寸，日本人也渐渐在那里升高。）世界成绩可无穷尽的进步。因为体格高大的人，骨格的杠杆长而肌肉也长，并且肌肉的横切面比矮小的亦可有相当的增加。收缩的力量既大，距离也长，他的成绩比较体格矮的容易进步。

以上三要素足以定将来运动成绩的命运。若是三方面一齐有无穷进步，运动成绩可有无穷的进步。但是，吾们知道方法有穷尽的时候，体格同个人的关系是固定的。运动员到方法已到家的时候，还想进步，须从力量上、速度上想法子。

吾写这篇的目的，在使大家知道运动进步之路径，以后指导运动的人，要从第一第二两路走，可勿徨彷歧途。

（原载《体育杂志》1929年第1期）

一千九百四十年体育测验之程序[①]

未几时前，我与某公务局之研究员闲谈。彼告我曰：此机关中所设之重要研究工作，为解决一九四〇年间一切交通及市政诸问题，俾有充分之设备也。其意在解决未来之问题，并非谓目前无问题可研究也。此种高调，令我心惊，因聊想作用，俾我亦有一九四〇年间之体育测验之计划。

此作专讲一九四〇年之体育测验程序，或可暂作为一种引言，以说明测验与测量所居之地位及其性质限度等。

一般提倡测量学者，签谓世上不论何物皆可测量，惟其精确之度，不能相同了。一般信旷登理论 Quantum Theory 者对此说大生疑问。但各教育家所研究者，大概可证此说之可靠。故教育家所宜从事者，为选择所测量之事项及拟定方法，以减少不正确之点而已。

此作中将可测之事项，分为三类：

一、测量(Measurement)　用客观之方法，从个人形体方面，行性与量之测量，而被测者可不用何等力量。凡体高体重及他种身体测量皆属之。

二、测验(Tests)　用客观方法，从个人能力方面行性与量之测验，其成绩之高下全恃个人之力而定。凡速度及平均等均属之。

三、品定(Rating)　专用主观之臆测，以品定人之特性，并估计所用程序之效力等。

---

① 本文由麦克乐著，吴蕴瑞翻译。

上列测量及测验之对象，皆可用品定之方法而估量。例如度体高，猜体重，估力量等是也。此篇所谓测量包括以上三种。

今之教育界须负两种责任。第一依杜威之主张各人目前之生活浓厚，第二当放远眼光，观察将来之需要；使现代之教育，足以树他日教育与社会之建设的基础。曩者教育纯取划一制度，削足就履，多数迁就少数。今也不然，社会与个人之需要双方兼顾。宜用测量，测验，品定三方法，探悉个人之缺点及力量，求得富有弹性的教育程序，以适应个人之需要及社会之需要。

学生之在教育环境中，犹一轮盘之于机器，装在何处，最为妥适，教员首宜注意。学生身体之健康情形，身体上之能力，及最近成绩之高下，犹一机件之大小长短，由之以定其地位之所在，是皆须由测验而探知。此外，测量测验等所以量得其进步之程度，由数量以定其价值，其功用一也；学生学习各事项，在达其一定之目的，用测验以探其进步，可用以为鼓励之工具，其功用二也；学生之学习事项，有时失败，测验可以探知其原因，其功用三也；欲行个人及教之指导，可由测验以求其确实之根据，其功用四也，其他应用之处不再列举，然总不出此类范围之外。

此篇之作，使人了解：(一)测量测验及品定，各有其欲达之目的，而其价值亦在能助达其目的，非专为测验本身之工作而已也；(二)现今尚无十分可靠之测验方法；但由各个人所测得之结果，如十分精确，做成统计，则必有十分价值，远胜于临空评定也。例如智力测验比数，可以代表大多数儿童智力分配之情形，即因所用之方法不同，而结果稍有差异之处，然究比教员临空测度之结果为可靠也。现今所用之智力测验有改良之余地，今无较好者，故暂用之，以待较可靠者之求得。

此外尚有数点表出，更足使上述之不谬；即现时所用之测验方法，其可取处，在运用便利，计算迅速，而所得之结果，如用较难之方法，尚得于性质表明之外，得以数量表明。如 Brace 所用之力量测验，可得力之总量，其例也。

测量之运用，有一定之制限。譬如力量之测验，其用途只限于力量之测定。若所测之要素，非力量，则测验必归无用。例如力量测验，万不能替代智力测验。盖测验只可告人以一种消息。如 Brace 之 Motor ability Test 只可表各人学习运动之能力，用以为调查各个人之可教程度为最妥，汇选测验(Battery of Test)易趋于错误。盖各个间之异点，较成绩之高下，有时尤为重要。用汇选测验，其总成绩与选择之标准，有时有极高之相关度，而反不能表显各个间之异点者。故就此点而论，我主张广用片面测验(Test Profile)。片面测验者亦用汇选测验，惟分记成绩，再以各个人之成绩，画在曲线表上。如是则足以显所测各项数量上之异点。

(一) 测验之要素

不论测量测验品定，苟在体育上有永久之价值，必具以下条件：

1. 所有测验，对于技术方面，应较简单，若一种测验，只有专门家能施行，则用之者必不多。

2. 所有测验，须同时施之于大团体，其施行及记分，须不需极长之时间。因在学校之中，万不能以大多数之时间，费之于测验也。凡个别之测验，较为复杂者，可定为发生问题时应用之，如 Stanford-Binet 之智力测验，从普通测验结果中，行选择测验时应用之。如 Barringer 心之测验，对于心发生疑问时应用之。

3. 不论测量测验品定，及常态，须相称，其范围及功用，各以能包括全部为限；即汇选测验，其精确规定，其记分方法，采片面式，足表显个人之身体及卫生之实况。是等测验之选定，可用两种标准：其一所测验之事项不显在表面者；其二测验之诸要素，各种运动所共有者，如 Royer 之力量测验，各处可以应用，因身体体上之活动，应用力量最多故也。

4. 有无数测验或品定，持为测量教育程序，教员，一城教育系统等之有无效果而定。是记分式之考察，带有半客观性，美国公共卫生会，品定城市卫生组织之记分方法，其好例也。本其方法，予提出一群之测量、测验或品定之大纲，予觉面面顾到，而希在一九四〇年发明范围以内者。

（二）测量、测验、品定之大纲

1. 学生之健康

（1）体格及医药检查　体格检查为健康测验之一部份，主要为人体测量。

甲、测量　以前人体测量之事项，往往藉诸柜中，终年不阅，在一九四〇年所用之测量事项，首须属可用以为判定身体之种类，并可用以预测运动员天赋之能力者。根据此旨，测量事项应为：

① 体重　定身体之种类。

② 营养之情形。

③ 原气　定身体之种类。

④ 姿势及骨骼之结构。

⑤ 脚之种类及其功能上之效力。

⑥ 在水中之浮力。

⑦ 基本的新陈代谢之预测量 Reed 所定之方法，再加以他种之修改，即可应用。

乙、测验

① 器官功能之测验　吾人所用之测验，勿侵入医药范围之内。除非较 Sulphophenolphthalein 之测验，及心脏活动电流表 Electrocardiogram 测验心更有进步者，才得应用。在一九四〇年间，吾人可预期心之效能测验，必有较 Barringer 测验更进步者，其方法可较为直接，其结果亦可较圆满，且体育教员稍有医药知识者，亦可施行。

② 单纯而精确之血球赤色素测验　此种测验易于应用 Tallquist Soole，可得精确之结果者。

③ 五官器之测验可得迅速而正确之结果者，如用测视器 Punctometer 测验视力，测听器（Audiometer）测验能力。

④ 身体情形之测验

a. 健康之程度　近今所用之 Schneider Test，其方法之简易结果之精确而完善，较一般所用之测验为合用，在人之病后，欲再上运动时宜行之。

b. 运动之适合程度　是等测验，与上项有同样性质，所异者，所施之方法，所采之练方法，所用之记分方法，皆不同也。

丙、标准及品定

① 不论体格及医药检查，须有完善之度量及记分方法，为统计及研究之资料，并作督促他人追随之根据。

② 品定体格适合程度之指数，须有更善之标准。吾预料此种之标准，将由人体测量，测量身体种类一项得来。

(2) 卫生知识之标准测验　此项书写测验，以决定各人目前之卫生知识。此外教员教授卫生知识时，欲知其教授之效果，可用别种测验。

(3) 卫生习惯之品定　学生之卫生习惯之品定，并非用以为升级之标准。不过使学生知其目前知识之程度，并作教员指导之根据耳。

2. 心机(psychomotor)与神经肌肉之能量(Capacity)之测验及目前身体情形之测验　是等测验之用意，首在与体育教员及运动指导员一种南针，为编配学生活动顺序之根据，俾所计划者，纯乎适当。

(1) 天赋之运动器官的能量测验或常态　是等在测验各人可能范围内之运动器官能力，并非测验现有之能力也。是等包括以下各项目，每项均可予以特别之测验。

甲、心机之反应测验。

乙、肌肉收缩速度之测验。

丙、力量限度之测量　是可由人体测量方法，量人之骨格断定之。

(2) 运动器官能力之测验　是等测验，可名为运动器官之智力(Motor Intelligence)，至少含以下五种测量：

甲、运动器官可教之程度　测验(Educability)，是等测验之成绩可与运动器官智力的比数(Motor Intelligence Quotient)行比较。Brace 氏之运动器官能力之测验中所无。学校中，以机巧活动为一部份之教材者，氏之测验有改变之必要。

乙、稳定及平均之测验。

丙、韵律的测验。

丁、善乘运动时机之测验(Tests of Timing Ablility),振子测验(Pendulum Test)即属是项。

戊、学习时间及进步之常态。

(3) 目前身体能量之测验

甲、力量之测验。

乙、肌肉收缩速度之测验　从此力量及速度中,可定出效力。

丙、灵敏或普通肌肉做活动之能力测验。

丁、正确之测验。

戊、平均之测验。

(4) 心机反应之测验　以上所用方法,皆所测验支配环境之反应。于此项 Dr.C.R.Griffith 已有数种贡献。

3. 做活动之预测的常态

是等标准,可以为同性儿童分类之标准,同时又可为促进运动之方法。此种标准内数种标准混合而成,如年龄,性别及各种人体测量之项目,力量及肌肉之反应速度等,可以预测以下各项运动之可能性。

(1) 田径运动。

(2) 游泳。

(3) 各项球术　预测对于球术之普通技能。

(4) 器械体操　垫上运动及鱼跃。

(5) 根据韵律之测验　预测将来跳舞之常态。

4. 做运动之特别能力的标准

是等标准,根据年龄性别及体格之大小外,更甚于身体之能量及能力。智力为他一要素与此无关。试验特殊技巧者,至少有以下数种:

(1) 田径运动。

(2) 游泳。

(3) 器械运动。

(4) 机巧运动。

(5) 垫上运动。

(6) 棒球。

(7) 室内棒球。

(8) 足球。

(9) 篮球。

(10) Lacrosse。

(11) 排球。

(12) 网球。

(13) 跳舞。

是等项目之测验,予以为不必包括太多,当根据相关系数来选择;即每种测验与各种游戏之普通能力的相关度须大,而与别种之相关系数须小。如是则测验之数小,而所包括之要素来得普通而概括,少数之测验可代表多数之测验。关于此点,我以为须有多数之实习测验(Practise Tests),有许多专门家颇反对是主张,以为寻常体育上所用之成就测验,不应用为实习测验。余不赞同,盖在普通教方面为然,例如令一学生练习算术,如以考试之问题,作为练习题,其势非死记答数而不止。但在体育上则绝对无此种危险,例如练习跳高,练习所得之技能,绝不会顿时达到打破全世界纪录之境。跳高然,大多数之单纯之机巧测验,莫不皆然。且鼓励学生练习成就测验之本身动作,亦是促进进步之良法。

5. 诊断测验(Diagnostic)

是等测验所以查究不进步之原因,在体育上用得少,智育上用得多。因体育上者,多属客观性,不必赖测验之助也。虽然属田径运动之技能测验等,亦须有诊断测验,以达诊断之目的。偶有运动员外貌极好而其技术不能进步者,是等测验,须使指导员能查出其原因。

6. 品格之测验

余与此问题接触,即生疑惧之心:一因研究体育者,尚未有人从事此种工作;二因此系荒野之境,开辟十分为难。体育界上盛传体育足以训练品格之说。

余想所有体育可陶冶之品格,当包含此测验范围之内。但余将普通而显著者举出,并不详细讨论。

余之意见,测验之品格上的态度,须减至至少之数,设计研究,探其类别之界限。于是各种态度之相似者,得以归为一类,发达其一。则同类者亦得以相同之方法发达之。欲知其结果,只须测验其代表之态度可矣。此为余忠告研究者第一点也。又测验态度须分两级,第一级为体育所成就者,第二级属高级为可迁移者。

凡其他教育家所定之智力测验、意志测验(Temperament)等,体育家亦须利用之。

7. 品定程序之度量标准

欲品定程序之效率,须有一定之度量标准,以作成客观的记分表,使其考察所得,以简单之数目,表其优劣。此不但教员自己得以品定其科中之工作如何,即体育行政人员,亦得以品定人之工作如何。以下数种项目,须用记分表,以品定之。

(1) 体育程序。

(2) 卫生程序。

(3) 教员之效率。

(4) 学生升级之成绩。

8. 知识测验

在体育界,有许多知识,为人所必具,须由测验之方法,探其所知之程序,督促之制度,以鼓励其增进。最近教育家之发明,为行指导之前,先行测验,指导之后,再行测验,实为最有效之程序。故对于以下各项之知识测验,须用交互知识测验之方法。

(1) 卫生知识　是可包含卫生解剖生理各式之知识测验。

(2) 游泳规则。

(3) 关于战术之技术及方式等之知识。

(4) 关于运动道德之日常态度的测验。

(5) 各种游戏方法之知识。

以上所举任何测验,均易引起讨论,故此测验大纲,决难限制不约范围。余并不希望此大纲能包含一切,但善用研究之力量,使后二十年之研究,更是到家,而重复之工作可日益减少,乃目前之重要问题。

(原载《体育杂志》1929年第2期)

反应时间之重要及其研究

一、反应时间之定义

一种刺激，刺激受纳器官（如声浪之于耳，光色之于眼），经向心神经原而达大脑视觉中枢，再由连合神经原而达运动中枢，由该中枢发冲动，由离心神经原传出，使肌肉发生运动，于是反应以起。其刺激与反应间所费之时间，名曰“反应时间”。其间更可分神经传导刺激浪之时间与肌肉本身反应之时间。所谓“反应时间”者，即包含二者而言也。

二、体育界之无视反应时间

反应时间之长短是否同智力，其高下由遗传而定；抑犹知识，属后天的，可由学习而进步，心理学家尚未有一定之判断。但个人之间有长短，确是一种实验之结果，而属运动器官能力之一种则无疑。然而，美国各体育界多忽视之者，如勃娄斯氏（Brace）之动官能力之测验，对于活泼平衡协合等诸运动能力，多为其测验中之要项，惟反应时间一项则缺如。实则反应时间对于运动至为重要，例如，选飞行之学员，选司机关枪之兵士，事前均须有反应时间之测验。因此等活动，皆需极快之反应，有高妙之天赋及勤恳之学习，方能成名手也。选择运动员，反应时间至有关系。盖不论田赛或径赛，成绩之高下，由功率（Power）而定，而功率之大小，由速度而定。速度二字，为物理上之名词，心理上之名词，即反应之时间，二而一，一而二者也。例如，在径赛项目中，起跑之速度，完全是反应时间问题。即枪声激动耳鼓，由三小听骨传刺激于内耳，由听神经之蜗牛枝而传入大脑枕叶，再由脑中之连合中枢使运动中枢发出行动，使腿之伸肌收缩。在此轮导之中，反应之时间不同，起跑之快慢即由之而分。起跑时固然，即起跑之后，跑之速度，亦何独不与反应时间有关？例如，在起跑后所用之踏步式中，跑之主要运动，为腿之伸肌与屈肌轮流收缩。腿后推时用伸肌，前跨时用屈肌。腿推体终了之际，其伸之肌肉感觉，循脊后根，上达大脑司觉中枢，再由司觉中枢经连合中枢，使运动中枢发出命令，循离心之路而使屈肌收缩。腿向前一步，一步之间，伸屈两组肌肉互送刺激(肌肉缩伸之肌肉感觉)，互起反应，均循一定之轮道进行。此反应时间之长短，与跑之速度，有直接之关系。有时快跑之时，达相当之速度，往往有欲快不得之慨，无他，受神经与肌肉之反应限制而然也。故反应时间，可称谓运动器官能力之一。英文体育书籍中罕见此项研究。一九二〇年，德国体育专门学校体育心理教授旭尔推氏(Schulte)，即有此项研究，述者读之，钦佩万分。后觉对于运动之指导，大可作为根据。例如撑高跳，寻常之指导，专注重方法与姿势，实则反应时间之训练，极为重要。如跑之速度，两腿高举后双臂伸屈之速度，与身体之高腾有关系。故撑高跳须练持竿短跑五十米，单杠上快速向上引体同时举腿等，皆须有速度之训练，则此训练也，可称合理，撑高跳然，他项运动亦何独不然？反应时间一项之应用，既如是之广，述者不敏，爰述其结果于后。

反应时间，对于运动有何种关系？在一九二〇年夏季，德国体育专门学校，曾有一度之测验，可以证明。当时之被测验者，系田径运动员，游泳员及足球员。主要之测验项目为左右手及左右足之反应时间。所用之器械为歇氏测时计(Hippschen Chronoskops)及测手之反应所用之手反应器(Reaktion-taster)。测脚之反应，用脚之反应杠杆(Reaktion-Fusshebel)。测验时在预备记号后一分钟，与以耳之刺激，使被测者反应。其结果可由第一图及第二图之曲线表明。在第一图中，为二十九运动员左右手之反应曲线。每曲线均由十次反应连成，其次序则由左而向右也。其时间以千分之一秒为单位。在右方，复有水平短线两条，表此曲线之中数。此中数即表个人在十次中左右手反应之大概情形。在第一图之下方,更有一曲线,系将个人之中数连成,其高下可表各个间不同之处。另有第一第二两表,注明被测验各运动员之资格等。

第一表　第一图中被测验者之资格

号数	年龄	职　　业	运动技能	练习之年份
1	40	游泳指导员	游　　泳	20
2	20	学　　生	田径运动,跑	7
3	34	游泳名手	游　　泳	20
4	29	学　　生	田径运动	1/2
5	22	厅　　员	a) 游　　泳	a) 10
			b) 田径运动	b) 1
6	20	役　　员	a) 游　　泳	a) 13
			b) 田径运动	b) 2
7	39	女器械运动教员	a) 游　　泳	a) 6
			b) 器械运动	b) 25
8	44	医　　生	游泳与田径运动	25
9	18	商　　人	a) 游　　泳	a) 10
			b) 田径运动	b) 3
10	24	炭坑夫	游　　泳	10
11	25	皮　　匠	游　　泳	12
12	21	习哲学之学生	a) 游　　泳	a) 9
			b) 田径运动	b) 5
13	39	电气技术员	a) 器械运动	a) 25
			b) 游　　泳	b) 10
14	20	医科学生	田径运动	7
15	30	游泳指导员	游　　泳	15

（续表）

号数	年龄	职　业	运动技能	练习之年份
16	19	志愿兵	a) 游泳	a) 8
			b) 田径运动	b) 2
17	31	教育会委员	a) 器械运动	a) 26
			b) 游泳	b) 12
18	21	商店中助手	游泳(打拳角力)	10
19	27	下级军官	a) 游泳	a) 14
			b) 器械运动	b) 16
			c) 田径运动	c) 8
20	30	商人	游泳	25
21	27	木匠	游泳及器械运动	20
22	27	机匠	足球及打拳	2
23	21	商人	a) 游泳	a) 12
			b) 足球	b) 9
24	32	商人	a) 器械运动	a) 22
			b) 游泳	b) 16
25	17	机械师	偶然做运动	
26	33	大学教授	a) 器械运动	a) 13
			b) 击剑	b) 10
27	29	城市公所秘书	游泳	17
28	20	医科学生	a) 游泳	a) 11
			b) 曲棍球	b) 6
			c) 田径运动	c) 2
29	2	雇员	游泳	12

第二表　第二图各被测者之资格

号数	年龄	职业	运动技术	练习之年份	在第一表中亦测者
1 a	23	候补医学博士	足球	10	
2 a	18	商人	游泳与田径运动	10，3	9号
3 a	28	音乐教员	足球	13	
4 a	39	女器械运动教员	a）游泳	a） 6	
			b）器械运动	b） 25	7号
5 a	24	煤炭坑夫	游泳	10	10号
6 a	33	大学教授	a）器械运动	a） 13	26号
				b） 10	
7 a	20	习化学学生	足球	10	
8 a	39	电气技术员	a）器械运动		
			b）游泳	a） 25	13号
				b） 10	
9 a	30	游泳教员	游泳	15	15号
10 a	25	候补铁路员	足球	10	
11 a	22	镳铲匠	田径运动		
12 a	27	工程师	a）足球	a） 12	
			b）飞行游戏	b） 3	
13 a	27	机匠	足球及角力	5	22号
14 a	25	退职长官	足球	10	
15 a	34	商人	足球	16	
16 a	28	铁道上之助理	足球	15	
17 a	21	商店中之助理	游泳(打拳及角力)	10	18号
18 a	29	城市公所秘书	游泳	17	
19 a	32	商人	器械运动，游泳	22，16	24号
20 a	17	机械师	偶然做运动		25号
21 a	24	银行役员	a）游泳	a） 11	
			b）田径运动	b） 7	
			c）飞行	c） 3	

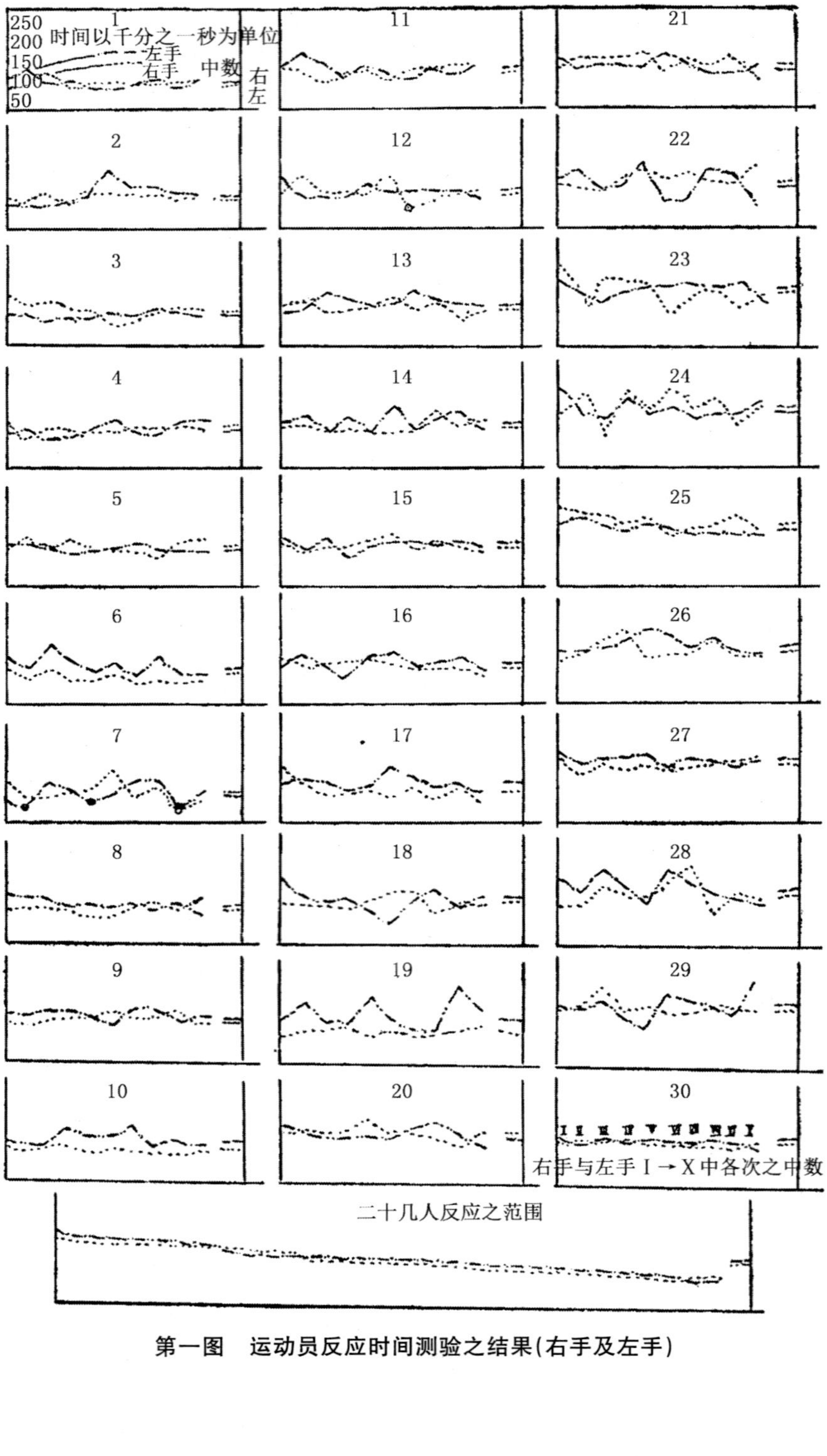

第一图　运动员反应时间测验之结果(右手及左手)

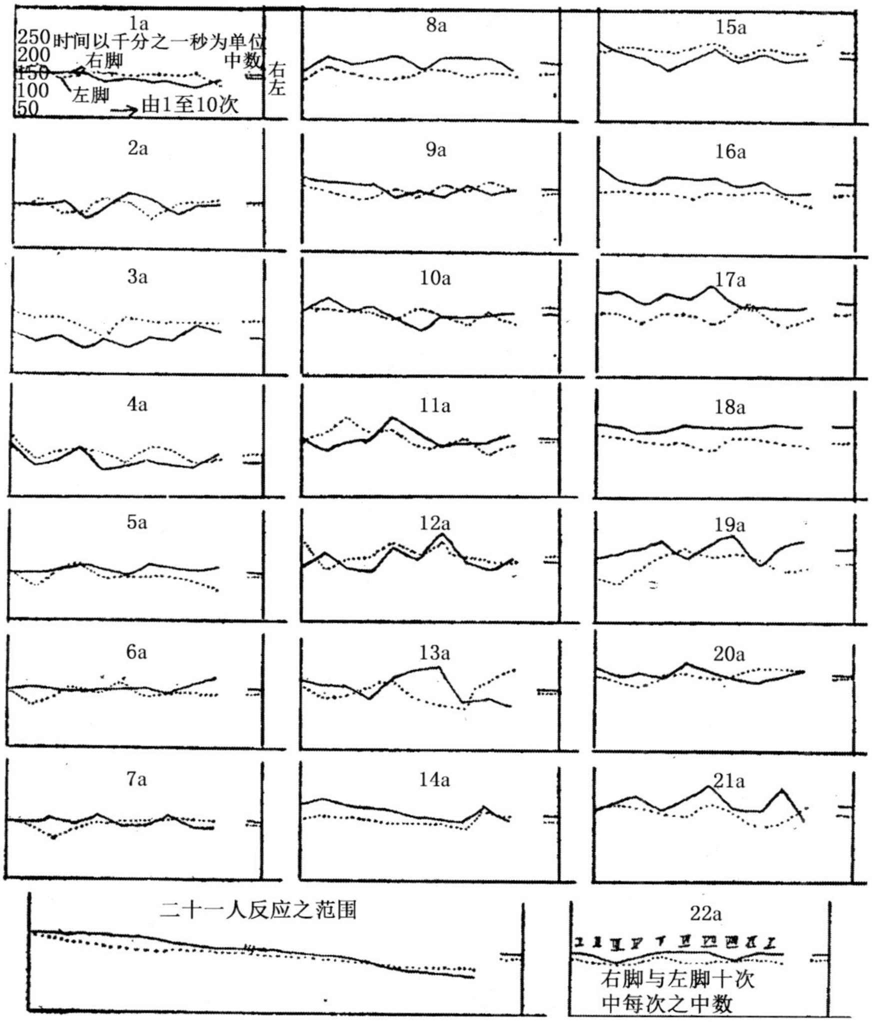

第二图　反应时间之测验结果(右脚与左脚)

在第二图中，用同样之方法，表二十一运动员左右脚反应之结果，第二表中之末一项，注明参加测验手反应之号数。

对于此问题，德国 Leipzig 城之 Wundtschen 实验室，早已有研究。经多方之讨论，结果有各人方式之理论(Typentheorie)即反应不论为肌肉的为收纳器的，随各人之模样而不同。后法人 Flournoy 于个人反应方式外，续加器官的、中枢的、传达的和感觉器官的四种基本方式。W.Stern 决定有主观反应与客观反应两种。Neumann 氏主张有行动的及智慧的两种。Wundt 根据 Alechieff 及 Bergemann 所研究之基础,承认自然反应之方法,人类莫不具备。Deuchler 反对古人之从少数人调查之方法,利用团体测验之方法,计划许多系统的测验法,完全根据物理、心理而定。

吾人现在之兴味,不在反应方式上之不同,而在求多数人之反应时间,以知其范围之大小,继续练习之效果,疲劳及动能之常数,与夫上下肢及左右手之反应时间之区别耳。追测验少数卓越之运动员之后,竟得别开生面之结果。如测验有名之拳术家,击剑家,足球守门员,网球家等是也。

在第一图中,吾人可见左手之反应时间比右手短。最显著者,莫如 6, 10, 13, 14, 16, 17, 18, 19, 21, 27, 28, 29。各人测验中数所联成之总曲线,亦表此种现象。由此观之,对于拳术比赛,有极大关系。第二图,对于脚之反应,亦有同样之倾向。

比较手与脚反应时间之平均数,则见脚之反应时间多于手之反应时间为 50。推其原因,由于动路长,同时腿之肌肉少练习也。

各运动员继续被测验十次,将各单次之反应时间逐次记下,可以见操练之次数增加,其反应之时间亦可进步。其曲线渐渐下降,即明证也。如第一图中之 7 与 3,第二图中之 1a, 10a, 14a 其尤著者也。但总看全体结果,此种实事,有未尽然。例如第一图 30 第二图 22a,皆为各个每次之中数所连成,例如第一图 30,曲线之第一段写工者,即为二十九人各第一次之中数。自第一次之中数至第十次之中数间,并无有何等之相差。足证反应之模样为相当的常数,与练习之次数无甚关系也。

同一人之测验成绩,每一单独时间之差异,足以表可靠度之大小。同时此与反应时之有无踌躇有关系,以上测验之记载中,最划一者,莫如第一图中之 1, 3, 4, 5, 8, 9(27 亦划一,但时间太长)。及第二图中之 1, 1a, 5a, 6a, 7a, 14a, 18a。其中特别表示踌躇而反应不划一者,因其意志未集中,如第一图之 7(反应极速),19, 24, 28, 29 及第二图之 12a, 19a, 21a。全体看来,脚反应之情形,较为有一定之印象。

尚有呈疲倦之现象者，其故由于注意集中之力量减少。亦是特点之一，即反应之时间延长是也。如第一图 19 之右手 29 之右手，及第二图 19a 之右脚及 29a 之右脚。

此种测验之结果，可以证明个人反应方式之理论。Lehmanns 之假定。谓由觉而至动之路径甚简之说，实不可靠。盖个人之反应时间已参差不齐，无法使之纯一。若谓由觉而至动，其间之路径极简单，何来此个人间极大参差也。在此测验统计研究之中，不见有极端之记载发现，但将个人之记载以高下排列，确觉其值之渐次上升(即时间渐短)，如第一第二图所示，手之反应时间，由千分之一百零五至二百十秒，腿由千分之一百三十至二百二十秒。二者之中此为一百五十五及一百七十五。以此结果与其他专家所测验之结果比较，则知练习运动之人，其反应时间比常人为短，且知杰出之运动家，其反应之时间益短。故优良之足球员及田径运动员，有活泼之精神，有极快之反应(由耳起至四肢之反应止)大概为千分之一百至千分之一百十秒。其最短者为千分之八十五至九十秒。Schulte 氏偶测拳术家与角力家之反应时间，则无活泼之反应可见，在第一图 7，为一体育女教员之反应成绩，时间特别短促云。

在心理学上所称之各种特殊种类，是专指一项中之特殊者而言。此特殊种类，在差数之统计上，不论为性为量，其差数必大。故两端之人，即反应最短或最长者，均称为特殊种类。

有一种事实极堪注意者，即一运动员力行系统的练习，不问其时间长短，不问其向快速之方向进行与否，其运动机关之反应模样，必得发展，有时有运动天才者，向进步之方向练习，则反应必起变化。惟在练习运动之时，须常切心利用或感觉运动器官，则反应本身之差数，可以减少。

在欧战时代，法国常选反应迅速之人，充当驾驶飞机及用机关枪防守之兵。德国之选择测验则相反，驾驶飞机及机车者，则反择反应较慢而镇静之人充任。但一方亦选反应较快，而知识较高并富理解者任之。反应较慢之人，常属深沉，观察精细。在选择运动员时，须视其人之复杂表演之实际而决定。例如守门员，守护兵等，皆须有极快之反应，同时加以观察之能力、智力、意志力，互相调和，平均具备，方称合格。

总览第一图及第一表，尚有数点极饶兴味者，即在第一表上，职业运动员及室内运动专家，其反应之时间极短。营他种职业之人及多用脑力之工作者，虽参加运动，而反应之时间较长。善游泳之人，反应之时间，无特点可见，但分布甚广（反应时间之长短甚参差不齐）。田径运动员反应时间较短。在第二图上，足球员之脚之反应时间，遥比一切运动员为快，比游泳者尤快。据实验之结果，此为天然之优势。据作者之意见在水中脚之动作不容过快，游泳活动之中，腿脚速度之练习，绝无机会，而在蹴足球，则举动非快不可。故足球员之腿常得速度之训练，故其反应快速。

实验的结果，由感觉器官之刺激，以求反应之时间（如在打拳、击剑、打网球之时，用视觉器官），亦须慎重测验。因欲保持常数，以分别各种模样，亦有至大价值。寻常在实验结果中，与表演之复杂动作中，往往有相差之处。俄国圣彼得堡 Lasurski 及 Rumianzew 早已确定，可以证实此之不误。盖心理功能之为活动也，本有不同之速度。Neumann 氏说身心互相有关系，但亦有各自独立之处。故 Schulte 氏亦有如 Lasurski 之所发现，在运动员之选择、职业之指导及测验之时，往往遇有简单之反应短，而认识协合选择及其他之反应慢者。

据实验之证明，则体育上之反应，时慢时快，非一定不变者，无他，有生物学上、生理上及心理上变化左右之也。有益之器械活动，及医疗运动，有益于反应。在全身疲乏，神形劳顿时，则反应大减。饮微量之酒，最初起兴奋而反应加速，继则衰痹而效力减低。若饮多量之酒，则速度益降，终觉运动机关之能力，有长时之减退。Brustmann 及 Herxheimer 对于此问题，曾有意见之交换，即酒之于运动员有好之影响，抑有坏之影响。Brustmann 说，短跑者饮当量之酒，运动员之活泼程度，有相当之增加，起跑之前不安定。反之 Herxheimer 决定跑一百米者之时间可由酒破坏。Brustmann 研究得麻醉之刺激在心理方面有益，而 Herxheimer 则见生理方面有不好之影响。

咖啡，茶及磷酸盐，亦有许多之试验，亦有缩短反应时间之结果，而无中毒之弊。有时人欲使敏捷之工作时，不可少之。

不愉快之时,疲乏之时,怕羞之时,冷淡之时及心中烦闷,心意呆迟,反应时间为之延长;愉快,有希望,热心,得胜而快乐,有兴味,则反应时间缩短。在年轻之人,此等心意状态,与反应时间大有关系。

对于感觉运动器官之活动力,加以热心专注之教育,则有进步。此种教育,可由口令的体操及养成注意力教育完成之,在竞技比赛中,刁溜雪,鱼跃入水,打拳,角力,击剑等,足使反应加速。

上述腿之反应之实验,以起跑之时间为主,即伸肌之作用是也,活动实现时,动之方法与形式,如力量之使用,稳当之程度及技巧等,实际上有莫大之关系,例如在起跑之时,反应时间之外,欲起跑之速,从穴中心前推之力量,亦属重要。譬如一足球员,不但反应欲快,而反应之力量正确,亦不可少。例如射来之球,欲设法拍去之,反应不能太慢,同时须继以适当之力量。如用极大之力接球,难保球之稳接,故反应动作之正确调置,实不可少。

(原载《体育》1931年第2卷第1期)

身体之形式与运动成绩之关系[①]

篇首语

译者曾在中央大学体育杂志第一期中，作有《运动成绩的进步有限制的，还是无穷的》一文。当时作者凭个人之经验与理想，提出三要素以解答此问题。其中第三要素，为人类之体格问题，即世界人类之体格高度，若常有进步，则世界上之运动成绩，亦将日进无疆。后在去年全国运动会中，见东北代表得田径赛运动锦标，始信所言，有可靠之处。及读一九二八第九次世界运动会竞技运动之医学研究结果(Ergebnisse der sportärztlichen Untersuchungen bei den IX Olympischen Spielen in Amsterdam 1928)，则益信所见之确可靠之处。该报告之中，有一题曰身体形式与运动成绩之关系(Zusammenhangen von Körperform und Leistung)一文，即测量各国之运动代表，用统计而算出之结果也。此种统计虽人数不多，而各运动员确是各国代表，其相关度是极大无疑。按所统计之结果，各项运动中，绝无体格矮小之人。即有一二项身体或较矮小，亦必有相当之体重，而呈腰大十围之概。吾国运动，正在萌芽，选择运动，不按体格，往往随学生之嗜好而定。不知有时受先天之限制，枉费心力，结果不良。此篇实能与吾辈按体格而选择运动之南针。爰不免烦劳，译之以供运动界参考。

身体形式与运动成绩之关系，在德国体育界中，早成卓越之问题。知有数

① W.Kolrausch 著，吴蕴瑞译。

项运动，须有高之体格，有数项须有大之体重，有数项须有宽之肩膀或长之下肢。如体高、体重之于掷重，体高之于跳高，均有相当之关系。然姿势之异点，所以如是，尚无从解释，机械上之基础，尚未明白决定；中距离与长距离之体格，有何区别？尚未有一定标准。此等问题，皆在身体组织之要素上，乃是显而易见者。世界运动会中，各国杰出之代表猬集一处，成一人群之测验材料，对于该问题，与吾人以更进一步研究之机会，在体格之基础已确定之后，复指出各种族是否有相同之形式。在同一构造之基础上，感情品行上之特点，亦属重要之测验。故测得之结果，亦许与德国材料之结果不同。且据寇德虚梅氏（Kretschmer）之研究，各种族之心理与体格上之特点决不相同。故觉此测验之有价值而不能不行。赖 Buitendijks 教授之恳切诚意，将参加第九次世界运动会之大多数运动员测验，并摄其影，以为彰著。惜全体未能进行测量，亦属憾事。

在荷兰阿姆斯脱屯，运动员共有三百多人，其中三十人为女子。以代表田径运动，拳术，角力，举重，游泳，划船，脚踏车等为名义。其中尚有二十人，只在器械运动组报名，在此材料中未加注意。因无从认识其属何式之训练也；同时女子之测量，亦未有结果，即最重要之一项测量（如体重），亦失败，因人数太少，无从算得其结果也。其余如击剑一项，亦嫌人数太少，而结果欠圆满。田径运动分为三组，跑，跳，掷三者是也。而跑之一族，复依功能之分别而分为短距离、中距离及长距离三组。

结果在第一表中所表数目，为各运动员体格之中数。体高中数，则各项运动大有不同。有数项运动，运动员之体格极高者；有数项运动，运动员之体格，高与普通人之中数相仿，或竟至极少数能超过之者，如划船掷重（掷铅球掷铁饼标枪），跑短距离者，中距离者（包括四百米），水上球戏者（Wasser ball spieler），其体高之中数皆甚大。反之如举重者，角力者，长跑者，其中数常在一七三糎之下。各项间体高中数之中数，为一七三糎，比有关系之各类人种之体高中数之中数为大。足见所习之各项运动，体高者容易学好。只有极少数之项目，体格较矮者有学好希望，如举重一项，大多数之体高为一六四糎及一六八

第一表　一九二八参加世界运动会运动员之统计

	差数													
	22	23	12	15		17	15	18	8	18		14	25	32
	各种项目													
	短跑员	四百米跑员	中距离跑员	长距离跑员	马拉纯跑员	跳员	掷重员	打拳员	角力员	举重员	游泳员	水上球戏员	划船员	脚踏车员
体重	64.7	65.3	66.7	60.3	59.6	69.1	88.6	65.7	72.7	80.9	74.6	79.0	76.9	68.7
体高	172.7	175.7	74.4	169.7	166.1	179.5	180.9	169.4	169.7	168.1	174.8	175.8	181.1	170.9
体重比数	2.17	2.10	2.19	2.10	2.17	2.15	2.70	2.28	2.52	2.87	2.44	2.55	2.34	2.36
生活量	4.3	4.5	4.8	4.3	4.3	4.3	5.7	4.2	4.6	4.4	5.2	4.9	5.1	4.3
胸围	88.1	89.2	90.9	86.7	89.0	90.6	104.8	93.3	101.2	102.0	97.0	101.1	96.1	88.1
胸围之比数	51.0	50.7	52.0	51.0	53.5	50.4	58.0	53.0	59.7	60.7	55.3	57.5	53.1	51.6
上臂周围	26.7	27.3	26.9	25.1	25.9	27.6	32.4	28.2	32.2	34.6	29.4	31.1	29.4	27.9
小腿肚之周围	36.4	35.5	36.4	34.5	35.6	35.6	40.3	35.8	37.3	38.4	36.3	37.0	36.6	35.8
肩宽比数	22.4	21.8	22.2	21.7	22.4	22.0	23.4	22.3	23.6	24.2	22.4	23.5	22.1	22.2
臂宽比数	19.0	18.9	19.5	19.6	19.6	19.0	20.0	19.3	20.5	21.0	19.4	20.8	19.6	20.9
下肢之长	54.9	54.3	55.2	55.5	54.2	55.5	53.0	54.0	53.2	52.3	54.7	54.4	53.5	53.9

[注]体重比数 $=\frac{\text{体重}\times 100}{\text{体高}^3}$,胸围,肩宽,臀宽,及下肢各比数,均以体高除各项,而以一百乘之而得。

第二表　德国运动员之统计

	差数									
	48	23	23	46	14	24	23	42	22	42
	运动项目									
	短距离跑员	中距离跑员	长距离跑员	马拉纯跑员	跳员	掷重员	打拳员	角力员	举重员	游泳员
体重	64.2	65.5	59.6	58.9	64.9	77.8	66.3	68.2	67.6	67.8
体高	173.3	176.4	169.3	168.0	177.9	177.3	170.8	168.4	166.9	172.3
体重比数	2.15	2.09	2.07	2.09	2.06	2.46	2.27	2.41	2.44	2.29
生活量	4.1	4.43	3.76	3.92	4.47	4.86	4.25	3.82	4.04	4.54
胸围之比数	52.0	51.4	51.8	52.4	53.2	55.3	54.0	56.5	57.0	53.8
上臂之周围	15.5	15.5	15.6	15.3	16.2	16.6	16.4	17.6	18.1	16.6
小腿肚之周围	20.1	19.8	20.7	20.3	20.2	21.4	20.8	20.2	20.7	20.5
肩宽	21.1	21.1	22.1	22.0	22.1	22.6	22.7	23.0	23.0	22.1
腿长	54.0	54.3	54.5	54.0	54.9	53.9	53.0	53.1	53.7	53.5

糎之间，然其中亦有高于中数者。在角力一项，参加者之体高较小，在一六一糎之一七六糎之间平均分配。又在角力一组，体高与体重有绝对的关系。关于此点，以后尚须讨论。在长跑一项，体高中数在一七〇糎之下，亦有极少数体格甚高者，惟系例外耳。大概各项运动之中，以体高而论，矮小者可称绝无。在二十五划船运动员之中，只有三人在一七六糎之下；在掷重一项，十五人之中，只有一人在一七六糎之下；在十七个跳远运动员之中，只有两人在一七六糎之下；参加脚踏车赛，游泳及百米者，体高为非重要之要素，因高者与矮者无区别也。

在德国材料中，则所发现之事实完全相仿。惟中距离与长距离之间，有多种特性之区别，与举重者之体格较矮耳（一六六糎）。其他如散布之值均相同也。与身体之体积成比例者，莫如体重，而体重由体高与体重之关系而决定。考伯氏（Kaup）之体重指数为体重×100/体高^2 算出。在大部份之运动员中，跑之一组身体比较为轻，跳之一组亦然，反之，掷重与水上球戏之运动员，则较重，同时划船运动员之体重亦较大。在德国之材料中，划船与水上球戏二项未测量，故只有跑、跳、掷重诸项可行比较。结果在德国材料中所发现者，在此又再发现，其关系且相仿：体重一项对于掷重为惟一之要素，而在此测量之结果中，更较德国材料中所发现者尤显。

在国际之材料中，各运动员身体之形式，亦显有同样之特性，与德国材料中求得者相同：跳之运动员与掷重之运动员，身体上力转矩（参观作者所著之《运动学》三十二面十七节）显然为重要之要件（身体高则力转矩大，矮则力转矩小）。体重大，则能使运动之器械，得相当之速度。尤以重器械为然。

依各项掷重之运动项目而分别，各运动员则有显然之印象（第四表）。投标枪者平均体高为一六七糎，平均重量为八十八瓩。掷铁饼与掷铅球者，则体高平均为一七六糎，体重为八十八瓩。在跳之方面，跳高运动员身体尤高，因其可得较大之力转矩也。据 Hueppe Schwarze，Flerschmann 及其他之研究，及跳高之高度与体高平行之事实，知身体轻松，亦有量之必要。Philostrotos 曾告运动场上之运动员云，大肌肉之重，重如铅，用视觉观察之关系，完全相同氏之所谓毫厘不爽。对于中距离及一百十米高栏二项目，尤其明显。该二项得胜者，多属过长而身体窄小之人。

在以前之材料中，有数项测量项目，其散布较广。寻常偶然所见之此种情形，对于运动能力无何等重要。但据别种见界，则有重大关系，如拳术，运动员体高无绝对的和相对的重量上，均有级广之分布。拳术之比赛，以各种重量分多类，故须有绝对的重量表出。如第五表，其体高随重量而上升；但体重轻的一组，其体高比较为大；从体重之指数中，亦可见同样之趋势。

第三表

国　家	人数	体高	体重	生活量	胸围	上臂周围	小腿肚周围
荷　兰	25	178.3	69.6	4.9	91.8	27.3	36.3
德　国	22	177.6	78.5	4.8	97.5	31.0	36.8
罗马尼亚	6	174.9	75.4	4.5	93.1	28.6	36.6
印　度	7	174.6	65.4	4.2	89.4	26.9	34.9
波　兰	16	174.4	71.5	4.7	94.8	29.4	36.8
加拿大	20	174.4	69.1	4.4	90.4	27.7	36.1
Lettland	3	173.1	66.3	4.6	93.7	26.4	37.1
智　利	9	172	71.9	4.8	94.1	27.7	35.7
以斯兰(Estland)	14	171.6	79.3	4.9	102.2	33.1	38.7
立陶宛	7	169.7	67.4	4.6	90.8	28.0	35.4
西班牙	8	169.6	62.6	4.2	88.6	26.8	34.9
日　本	7	168.6	62.2	3.8	88.3	26.3	37.2
墨西哥	17	168.4	61.9	4.4	91.7	27.3	34.5
芬　兰	7	167.6	60.0	4.4	87.4	25.6	35.2
法　国	4	165.4	58.4	3.2	83.4	24.9	35.3
英　国	5	164.6	68.2	4.0	97.5	31.6	36.3
匈牙利	1	163.3	57.6	4.6	88.5	26.0	34.5
Tschechei	2	162.5	57.0	42.5	83.6	25.1	36.4
中　数		173	69.1	4.5	93.0	28.4	36.4

第四表

运动项目	人数	体高	体重	体重之比数
推铅球	5	182.9	88.0	2.62
掷铁饼	6	182.1	98.1	2.70
掷标枪	4	167.3	63.9	2.29
掷链球	3	176.2	88.0	2.84
跳　高	6	179.5	69.0	2.15
跳　远	3	179.9	69.2	2.13
三级跳远	5	180.0	68.3	2.10
撑竿高跳		178.6	70.1	2.18

第五表　打拳运动员依体重而分之各组

各种重量之类别			
体重轻组	165.5	55.6	2.02
体重适中组	168.8	64.0	2.24
半重与全重组	176.1	84.9	2.74

第六表　各项运动员依国籍而分组

差　数	国　籍	体　高	体　重
		短跑员	
4	加拿大	173	64.1
2	荷　兰	175.4	62.3
4	日　本	167.7	60.9
3	阿根廷	173.3	65.5
3	墨西哥	164.8	62.1
		四百米跳员	
5	加拿大	177.0	64.3
3	荷　兰	177.2	68.2
4	印　度	178.8	71.1
2	波　兰	172.2	64.7
6	墨西哥	170.1	60.2

（续表）

差　数	国　籍	体　高	体　重
中距离			
2	加拿大	178.0	62.2
4	荷　兰	178.0	68.6
2	印　度	173.6	60.9
2	阿根廷	176.1	64.8
2	西班牙	168.8	65.4
长距离			
6	加拿大	169.2	60.2
2	荷　兰	177.8	66.9
2	日　本	163.3	52.4
2	印　度	169.0	54.8
举重员			
5	英　国	165.5	74.8
5	Estland	167.5	83.2
1	Lettland	168.6	93.7
6	德　国	172.8	83.8
角力员			
4	波　兰	168.4	68.3
4	Estland	170.9	77.0
水上游戏			
5	Malta	173.1	76.0
8	荷　兰	177.3	80.8
划　船			
17	德　国	180.9	76.8
5	荷　兰	181.9	77.4
3	波　兰	181.1	76.9

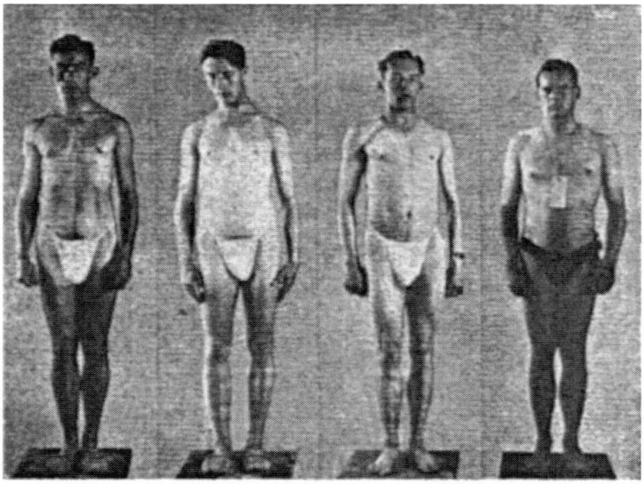

加拿大　加拿大　加拿大　加拿大

（图一）短跑员

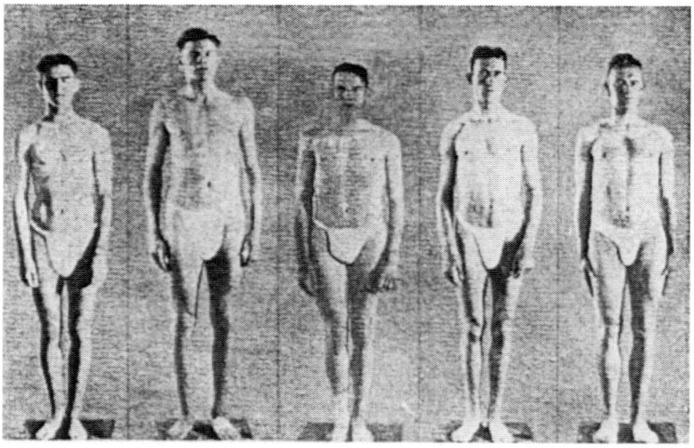

加拿大　加拿大　美　国　加拿大　荷　兰

（图二）跑四百米的运动员

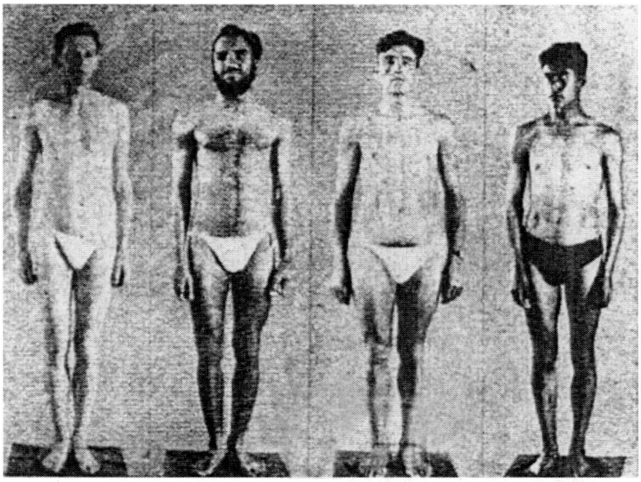

加拿大　　印　度　　西班牙　　墨西哥

（图三）长距离跑员

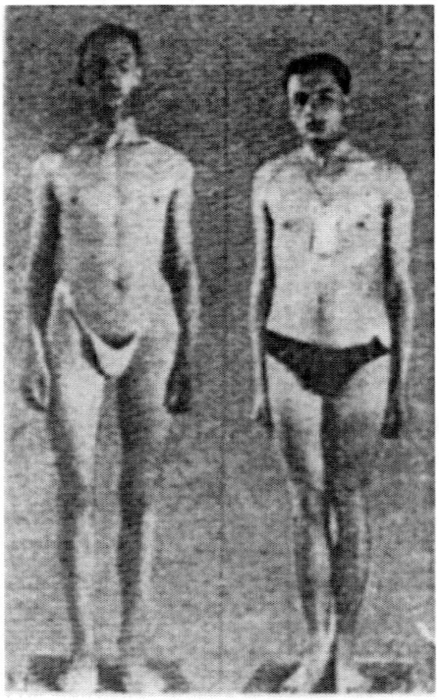

荷　兰　　罗马尼亚

（图四）跳高员

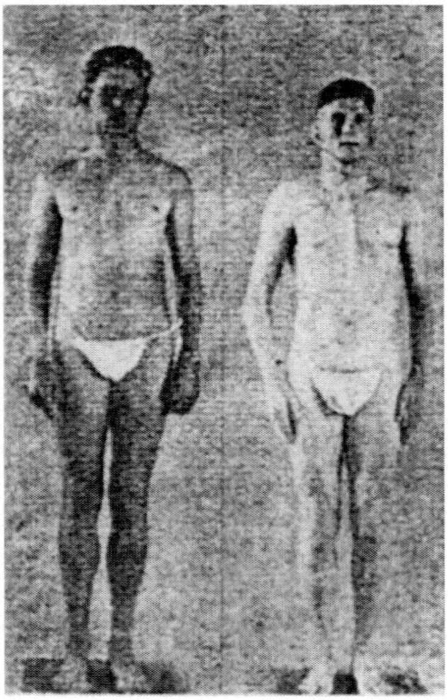

南非洲　　西班牙

（图五）跳远员

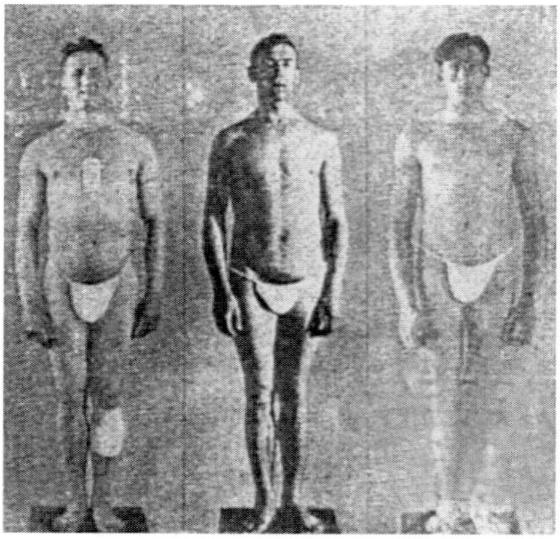

以斯兰　西班牙　法　国

（图六）掷铁饼员

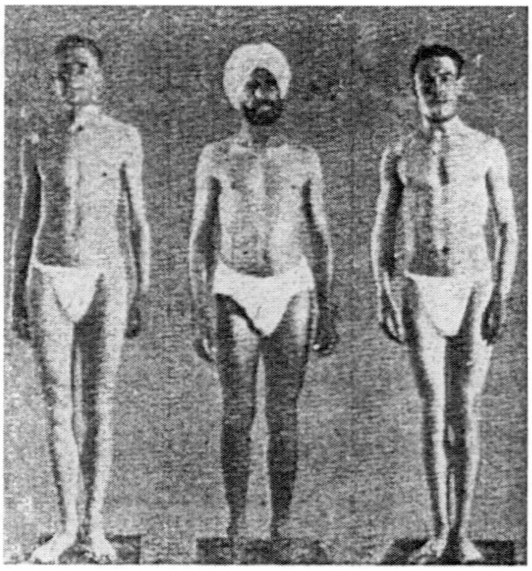

德　国　印　度　荷　兰

（图七）三级跳远员

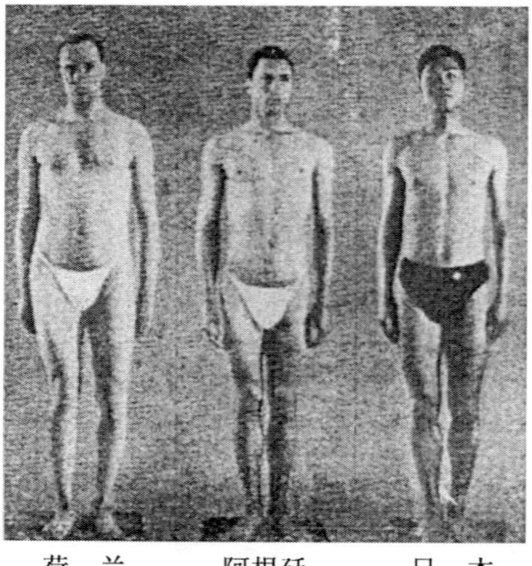

荷　兰　阿根廷　日　本

（图八）跳高栏员

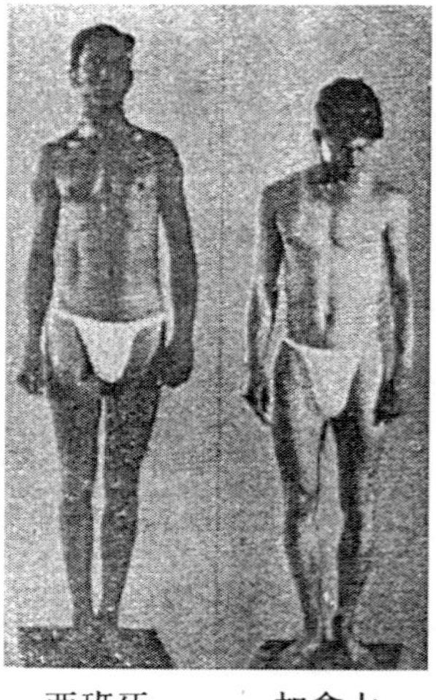

西班牙　加拿大

（图九）撑竿跳高员

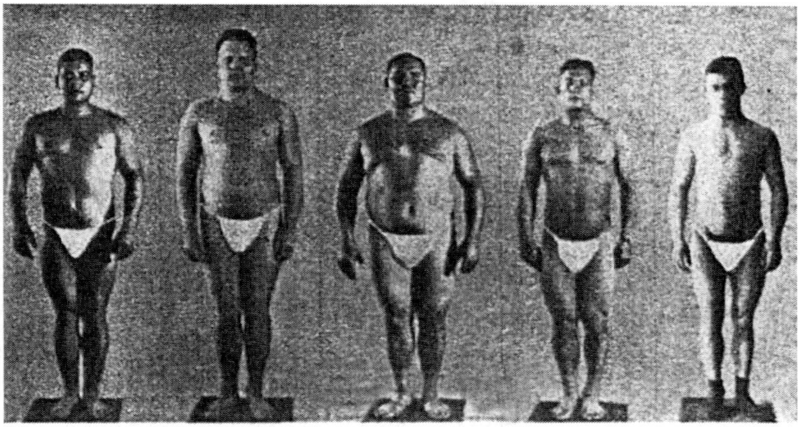

德　国　　以斯兰　　德　国　　以斯兰　　英　国

（图十）举重员

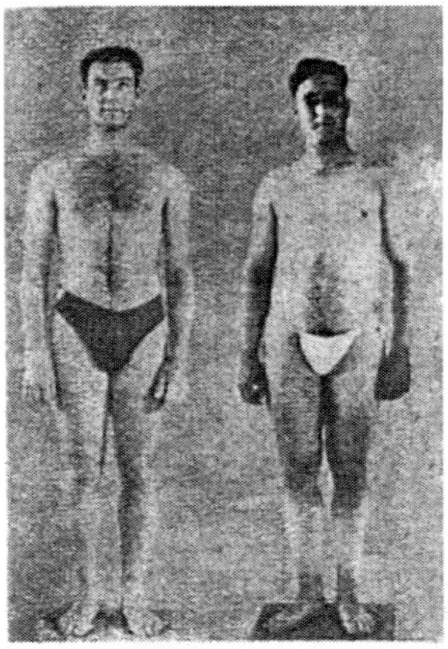

罗马尼亚　　法　国

（图十一）推铅球员

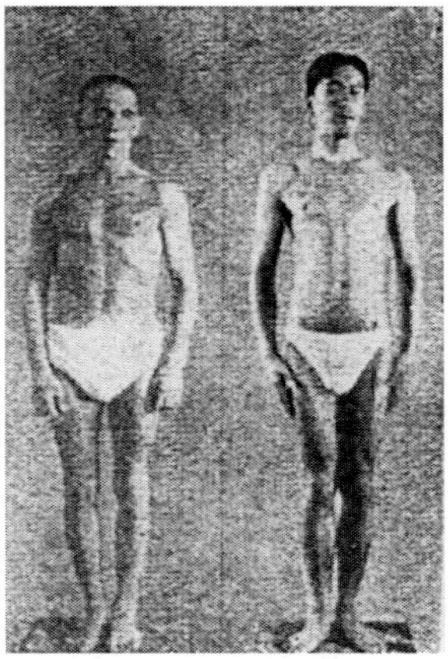

德　国　　日　本

（图十二）拳术员（轻体重）

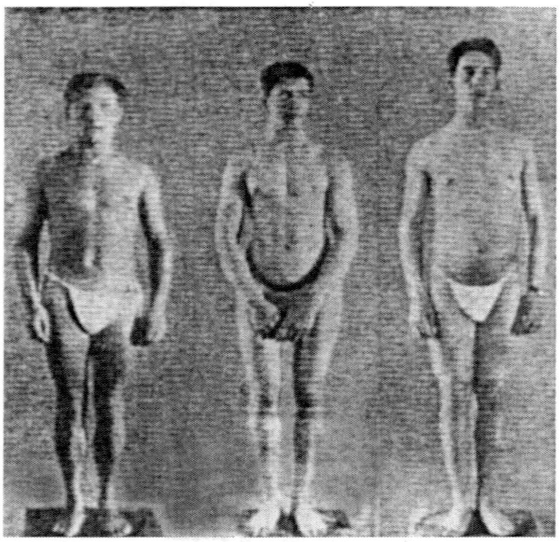

德　国　　　　加拿大　　　　智　利

(图十三)拳术员(中等体重)

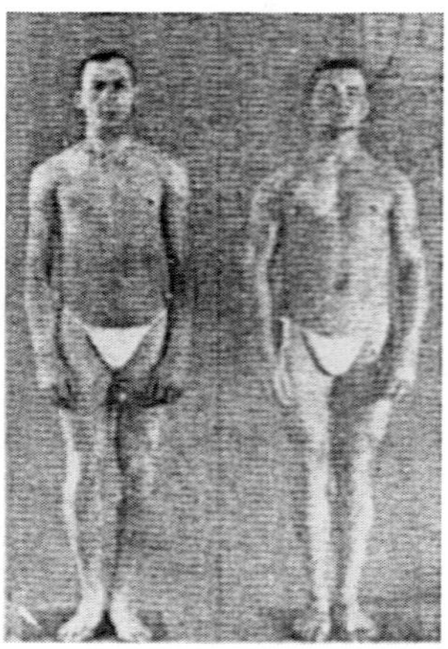

智　利　　　　德　国

(图十四)拳术员(半中体重)

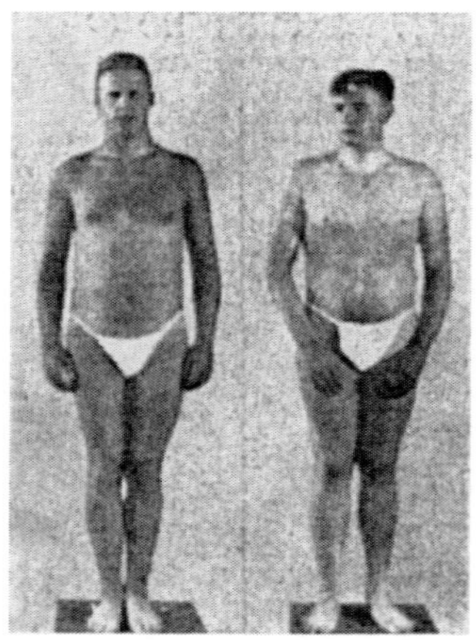

荷　兰　　　　荷　兰

(图十五)水上球戏员

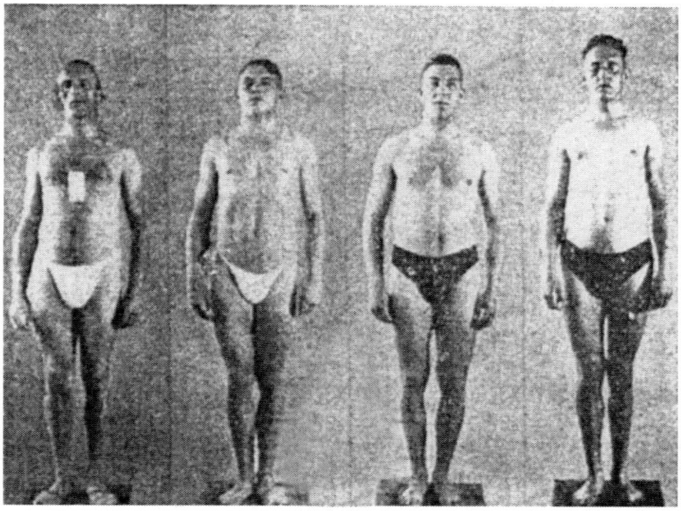

德　国　　德　国　　德　国　　德　国

（图十六）划船员

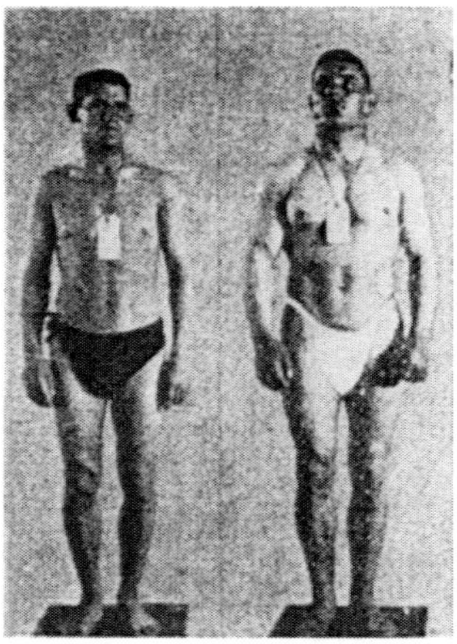

以斯兰　　以斯兰

（图十七）角力员

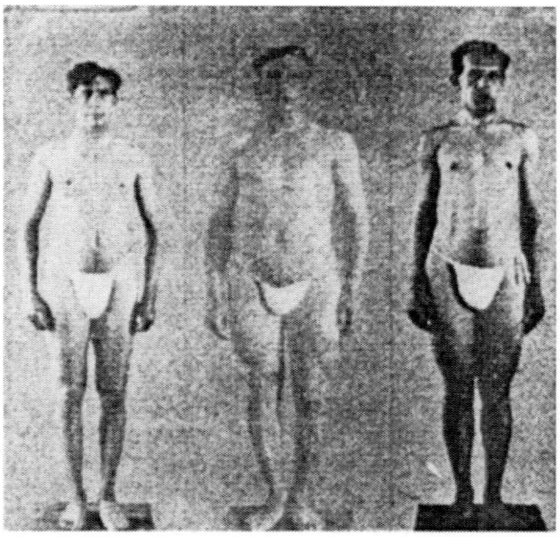

智　利　　德　国　　波　兰

（图十八）脚踏车员

在德国之材料中，亦早已表有不同重量之两类。同时在美国材料中，亦偶遇同样之事实。有时同一种重量之中，有身体较高而身体窄小者，有时身体较矮而有相对身体重量者。所以有此种区别者，因拳术有两种方法，二者皆能成功。第一种身体缩后两臂中之一臂远伸（此为臂长者所常用之法），名曰远打；第二种为近打（身体与对手靠近臂短者常用此法）。

在德国之跳运动员之材料中，亦有因身材之不同，而方法不同者。例如，一种身体高而窄小之专门跳高运动员，与加入多项运动而能力相等之运动员，方法不同，而地位则并驾齐驱，前者因其动作有一场精细之协合功夫，故能达极高之成绩；后者在用力跑较短距离之后，有极响之登足起跳（即其蹬地有力），用其快速之力量，以达某种高度，故后者之方法完全不同。在阿奴脱屯中之材料，不能表出此两种得胜之人，只有高而过窄小之运动得胜者，且不特跳高为然，即所有他种跳之项目亦莫不皆然（观第四表即明了）。

身体之重量与胸围之大小完全平行，但亦有变则者。如习 Marathon 跑者，胸围与体重高之百分比，亦为 53％（因 Marathon 跑者大概体重轻，而胸围与体高之比数不应大，但亦不小，故可称变则之例）。高出吾人所期望，反之参加脚踏车赛者，则胸围之比数小；举重者，掷重者及角力者，胸围均大。从功用方面研究之，因举重掷重者，主要用上肢，而脚踏车则用下肢也。

臀带（即臀部）之宽窄，与数种运动有关，因站立之稳固，与极大重量之负担，全在臀带，故掷重者，角力者及举重者，均可有较宽之臀带。

观上表，臀部之宽，对于运动上之有益，系功能上之适应，抑为组织上之适应，此问题极难解决。若系功能上之适应，则划船者应有较窄之肩，因其运动用上肢也；但划船者偏无较宽之肩。根本功能上之影响，于骨格宽度之发达，亦所难免。因在一时间内热心运动，骨格之发达实难达到也。此外，因肌肉发达而然，此尚合理。因臀部之宽，决不如肩之纯系骨之长短为之。乃由粗隆之上面测量，是形态上之宽，肌肉亦合在内。踏脚踏车者之有宽臀，可以此解释。同时从实际上看，脚踏运动员臀带十分强壮，更足以证明此解释之不误。水上球戏运动员亦有宽臀，因其皮下有较厚之脂肪也。

腿之长短，在数种运动项目中，亦是特别的分别。所有善跑与跳者，有相当之长腿，而须站立固定之项目（如角力，掷重，举重），各运动员有相当之短腿。在此材料之中长腿之于跑与跳二运动，不能更显其为重要，而短腿之于稳立之运动，则益见其重要；反之，如游泳与水上球戏各运动员亦有长腿，实出于意料之外。

此测验之结果，运动员不分何种族，可以证实从前之研究完全不误。从体格上，可表出最显著之现象，即掷重者，体格高且重，跳高者体格高而轻，善跑者腿长。

观第五表在每项之中，各运动员以国籍而分配，结果有两类运动项目，有根本不同之区别。第一类项目中，各运动员须有特殊之体格者，第二类不必有特殊体格者。例如，以体高作比。一项运动中，体高非唯一之特殊性质，则此项之运动代表，取其一种族中之体高在中数左右可矣；一种项目，须有高大体格者，则一矮种族之代表，须择最高之人，一种族代表之体高接近所需之特殊体高者占优胜，故中距离欧之北方均属最高之人；反之，在长距离不是需要最高之体格，故日人与墨西哥人，亦送其矮代表参加。

一项运动必须有极高之体格者，矮小民族之国家少送为妙。

人们更从得胜之运动员表面观察，则得更深之印象。中距离、掷重及跳，第一须有高大之身材，代表资格，殆尽为北方诸民族占去；反之，长距离跑中体格较矮而强者最合宜。在第九届世界运动会中，几为芬兰人所霸占。芬兰不但长跑，即各需要体格高大之田径项目，莫不练习，芬兰人种，半为蒙古种半为日耳曼人种。其体格之合于长跑，是否为其种族之体格特别合宜，抑或因幼年时的从早练习而来，无从解决。其他蒙古民族，如中国，如日本，亦显有长跑之能力。民族之天赋加以热心练习，大约为其成功之理由。南米（Nurmi）是芬兰人，1924在巴黎跑五千米 14′28″造成世界纪录，自称从九岁时用功练习，长跑宜由幼年练起，因其时爱运动之心较甚也。南国之运动员对于田径运动，练习少有结果，很属奇异，亦属很确实。反之对于击剑则有杰出之人，对于打拳，足球亦有极好之成绩。击剑一项，则出色之国家，系其先后而表列，莫如意大利人、西班牙人，法国人及匈牙利人。同时天赋之品性，亦对此等球类有关系，故可推想此类民族小巧玲珑，对于短轻之武器，大有便宜之处。此种说法，可看拳术之得胜表而证实之。在体轻之一组中，有轻之种族代表，同时此代表加入击剑，体重之组则多北方人。同时划船一项，各运动员体重均大，且多北方人占优势。虽然种族问题，亦揭出有不可信之处，例如，美国人属何种族之决定，或可归于北方人种族。

体格之形式，对于运动之能力，固大有相关。但亦非纯乎此一种因素也。他如各器官之体性，品性品格，亦不能谓之全无关系。爱运动之人，多信此等事项，内容复杂，当有较身之形式较重要者在。惟在生理与心理方面之性相等时，则身体之形式可以决定其优劣。

（原载《体育》1931 年第 2 卷第 1 期）

由物理方面观察的体育

现在是科学世界，不论何种事业，要他合理，要他精确，要他有充分的效率，不可不讲究科学。体育一项，当然也逃不脱这条规则。但是科学的种类很多，可以应用到体育上的也很多，不过有的很容易说，有的很难说罢了。讲物理应

英国学生撑竿跳高之姿势

用到体育的书籍,欧美各国出版很少作者在民国十九年写过《运动学》一书(商务馆出版)完全应用力学来讲运动,这是拿物理学应用到体育的破天荒的著述。实在说起来物理应用到体育上的,还有别的要点,我可以把它分条说出来。

一、体育上各种测量方面应用物理

想到外界物体的测量一定要注意到四点:(1)所量的量;(2)所发表的单位;(3)器具同用它的机械的原则;(4)有效能;关于量的方面不论那种外物的测量。多可以归到长度,质量,时间三种的基本量。量这三种基本量的方法,是一切客观测量的基本。体育科学生若有物理的训练,对于所有科学的测量,就打了根基。盖幅圆的测量,在体育的工作上到处可以遇到,像径赛田赛成绩的丈量,人体测量的测量,运动场上或者体育馆里场地的划定,多是和物理有关系。不但如此,测定力量(或压力)和质量,常常遇到。测量肌肉的力量,在研究身体的结构和运动效能之时,极关重要。还有量重量,血压,肺一呼一吸的力量,统是根据这个意思。

时间是最有考查的价值,也是评定他人成绩的基本工具。从裁判方面说,用马表记时间,它的错误和它的意义,寻常多不明了,实在是很重要。譬如百米跑用马表记时,记时员可以使它记得精确?究竟用拇指还是用食指按表?看烟看火还是看光,或者听枪声按表,它的错误究竟几多?一运动员的身体触终点的绳子,各记时员平均所猜的到绳的时间,正确的程度如何?所有这许多问题,没有几个裁判员能精确的回答。一个运动员一百码跑十秒(就是每秒跑十码),一记时员若记错五分之一秒,是和运动员到线之后,过六尺的地方或没到线前的六尺的地方按表一样,他的错误有如此之大。所有关于测量时间的问题,多是物理的问题。以后的体育,若是处处应用物理,成绩可靠得多。

二、测量物理的环境时须应用物理

天气的情形,同健康和运动成绩的关系很大,温度,大气压力,比较湿度,风速度,日光等,有时很关重要。每个体育教员应有训练,平素养成测量这许多项目的技能，并且知道它的意义。

三、要知道体育上所用物料的性质须应用物理

做一个露营顾问知道各种木料的比重，力量，弹性耐久性，最有用处。因为做一个划桨和搭一个凉棚，这种知识是有用的。一人在实验室中制造测量器具，这种知识毫无用处，他必定要知道别种物理性，像传导能，渗透力，展延性，屈缩性等。比热，黏力，透彻性（Penetrability），吸收，渗透，毛细管现象，表面涨力，和他种物理性，时常用到，若是这许多物理性不大明了，学高等生理和治疗法，发生困难，所以以后的体育所应用的科学和题目，一天一天变多了。

四、体育上身体检查时应用物理

体素和内脏器官的物理性（样密度，比重，紧张力），视的物理学和光的现象，听的物理学和声的现象，循环和呼吸的物理以及液体与气的性状等，若要明了身体检查的情形，这许多是很重要的。

美国短跑健将彼特跳栏之姿势

五、讲究运动成绩和器械动作的方时,应用力学

人的身体是一个机器,讲它的运动方面,完全要应用力学,人体内的骨格,等于机器上的机件,人体内的肌肉等于机器上的皮带肌肉拉动骨格如同皮带牵动机器上的轮盘。机器动的快慢,视联皮带的轮盘的大小而定。联在大轮上就快,联在小轮上就慢。人体也是一样,肌肉联到长骨头上(假定拉的速度一样),它发生的动作就快,反之即小。所以运动员有高大的身体就便宜了,他跑也跑得快,掷也掷得远些。一千九百六十八年第九届世界运动会,在荷兰阿姆斯脱顿(Amsterdam)开会,当时许多医学家生理家和人体测量学家把运动员做各种测验,行各种测量,知道有几样运动,须有大的体重(如掷重),有几项运动须有宽的肩膀或长的下肢,像跳高中距离。盖体重有运动量的问题,体高和宽有杠杆的问题。讲到使运动成绩进步的方法,第一是速度的问题,第二是力量的问题,第三是方法问题。速度和神经的反应的快慢,及肌肉本身收缩的速度有关系,力量和肌肉的大小与身体耐劳力有关系,方法一端则完全是力学的问题。譬如跳远,要跳得远,跑得一定快,跳得要高,完全可以用抛物线的公式和原则来解说。但是要跑得快,跑的距离,跑的样子一定要讲究(参考运动学上编第十三节下编第十二节)要跳得高,跑的末一步的样子和大小,脚蹬地的方法多要讲究,总之多不出乎加速,惰性,杠杆,物体下落运动等许多原则。田径运动是如此,至于器械运动大半应用圆运动,摆平衡,重心等原则。角力和中国的摔角国术,应用偶力,及力之合成及分解诸原则,游泳时之浮力应用亚基米特氏定律(Archimedes Law),水对于身体的压力(或对胸膛的压力)可以按照派斯克尔氏的定律(Pascal Law)来计算。划船踏自由车,欲有相当之成绩,须应用力学的原则。

六、制定运动分数表时应用力学

十年前运动上所用的分数表,多是用臆测武断来定的,譬如跳远,从前跳的成绩同分数,成一与一的比例。一人跳四米五十二比四米五十一者多五分,跳

六米五十二者比六米五十一者也多五分，这实在是不公平。因为从四米以外进步一糎容易，六米以外进步一糎难。若是所加的分数一样，岂不是成绩好的人吃亏了么。现在我细细看世界运动会的运动分数表，也犯过这个毛病，例如四百米每增五分之一秒，加七·五二分，不论七十秒以外，五十秒以内多是一样，所以这种表是不合科学的，虽然世界上多用它，我以为不妥当。分数表应该按工率的意义来定。据麦克乐氏之研究，成绩愈高，它每单位所加的分数应该愈多，这种问题多是要用物理来解决。

七、研究体育建筑时应用力学

人们在跑道的曲段上跑，就发生离心力的作用，跑得愈快，曲段的半径越发来得小，离心力越发来得大。如果跑的时候，或者建筑运动场的时候，不管这个问题，那么跑的成绩一定要吃亏得很多。据德国地姆博士(Dr. Diem)研究的结果，跑道曲段的半径，至小不得小于二十四米，但室内跑道曲段的半径小于二十四米时就把跑道的外面渐渐高起，也成曲线，这多是体育建筑应用物理的好例子。

德国亚尔白弗尔德之山地体育场

八、体育指导员建造工程学的智识要有物理的基础

不论那种工学，多要应用物理，电气工程机械工程热力工程市政工程是工程学的一种，体育教员讲体育建筑之时，常要遇到这许多问题，若能明了热力，通气，光，打水，测量及建筑的意义就十分方便。

九、物理知识对于体育职业的普通需要

物理的应用于体育的地方极多，但是从前训练体育教师，对于物理一科目向不注意。吾国从前的南高东大北师大体育科课程中，多缺物理一学科。民国十七年作者在中大体育科兼任主任时，定物理为必修科共六学分，一年完毕，用意至善，盖物理的应用甚广，人体机动学（Kinesiology），体育建筑及设备，运动生理学诸学程，多要直接应用物理，在现在科学的世界，训练体育教师，不能不必修物理。

（原载《科学的中国》1933 年第 2 卷第 8 期）

人体测量对于个人之贡献[①]

十年前，人体测量学为体育教师训练课程中重要之学科，以其能估量个人之健康情形也。近年来卫生教育学识之进步，有一日千里之势，觉人体测量所测得之个人健康情形，有非十分真实之处，故该学科在课程中一时失去地位。今读本校前体育科主任麦克乐先生之“人体测量对于个人之贡献”一文，知该学科以后研究改良，前途十分光明，贡献至多，爰特译之以供研究体育与卫生者之参考。

译者附言

在很早的时候，体育教育家已曾注意其所管学生的健康，从古代雅典裴雷欧斯曲啦氏（Palaestra）到现在，体操程序之一种重要功用，为促进健康。尤其是现在一代以前之体育专家，多是健康传导者。自受中世纪学者之迷惑迄今，新心理学和教育哲学输入以后，体育方才脱去二千年前的气味，于是只对于新教育有信仰。作者对于体育的教育方面之热忱不让他人，但我信体育的第二种功用找出之后，不必再究其第一种功用。然而现在体育界上对于新潮流之激荡，已趋于停止，对于旧的身体与精神两者的健康，仍为体育界重要的目标。若果然如是，吾们对于估量个人身体情形的任何方法是有兴味，吾所述者即属此类。

估量儿童身体健康的方法，共有四种，每种方法，多能供给特殊消息，但是

① 麦克乐原著，吴蕴瑞移译。

没有一个是能供给全体消息(所谓全体者,即可表示个人身体情形之完备或丰足的记录之意)。

第一种方法为研究个人和其最近代祖宗,对于健康有关系的历史。主要为父母祖父母及直接线上祖宗的寿命及健康情形。此种方法,医生普通多用之,足以估量个人健康情形之可能性,若完全以之为标准则误矣。因这是过去的记录,个人过去状况从遗传和环境二者合成。研究过去,无人能断定此等要素谁是主要的。现在大概多能避去祖宗的环境,所以这方法所估量的健康,在某点之外为不可靠。

第二种方法为医生用的身体诊断法。此种估量,医生常用以检查紧要内脏之各器官,根据他的经验,解释其检查的结果,以得最后之结论。此种检查,主要为查人同健康或正常情形相违之处。此种方法并不合于用以分别各种健康之等级。所以一健康之人,给以负的记号,换言之按照检查人所知者,其情形为无病耳。

第三种方法为利用客观检验之方法,如测血压,分析身体之分泌物,分析血液和排泄物等,此所以测验新陈代谢之天然程度,有时利用 x 光。此等方法为病理诊断,所验得之结果极精确,且检查者用主观之判断极少。此等方法,逐年增加其数目和完善之程度。但需要与供给之间相差甚远。

以上三种方法均甚重要,当由相当的医生执行之。第一种(特别是第二种),学校中常常应用之,作为寻常的医药测验。

第四种估量的方法为人体的测量,目前不常用之,但足以补以上各种方法之不足。这种方法为测量身体的结构。

读此节者将回想从前萨尔勤脱(Dudley A. Sargent),西佛(Jaw W. Seaver)和希奇克(Edwerd Hitchcock)时代,同时疑作者现在开倒车极远。虽然吾人须提议,最近几年人体测量应用统计作工具而做研究,亦向另一方面发展,和从前老的人体测量不类。老的测量学的错误之点,主要在体高一点不同之外,未能将各人身体结构的天赋不同的意思,作为要项,并且坚执以为同性同年龄同高的身体结构应该相同。新的人体测量学则不然,承认遗传上各人的异点之存在,为各人多预备一个标准。用身体结构的测量,和功能的试验,得到比较真切的方法，以估量各人身体的情形。

此种测量法有各种变化。在本文所讨论者，系数种有用处，能在学校或社会机关内施行，由有训练之教师或看护执行容易而正确，与医生同。此处所讨论者，为重要脂肪肌肉群，肺量新陈代谢程度，及现在的健康状况等估量耳。

一、体重　体重用以为健康之指数者盖有多年。历史上早用为估计健康的科学方法。然而标准只从同年同性同高而多数的健康人来求出。此种手续，对于大多数人类或为有用，但用之于特种人的身体则有错误。因人体有两种极端，一为重骨，大胸，粗壮的一类，一为小骨，小胸，长腿的一类。此等人不能用同一标准来判断他们，所以因为这缘故，求得代数学上的公式，从数种骨格测量方面，得以求出其各人应有之最好之重量。

用此等公式时，体高，胸围，盆宽，肘宽及膝宽等尺寸皆用到。若吾人以人体系一种肢体两端相接而成，吾人可以体会体高为其长度，胸宽与盆宽为其普通厚度，肘同膝的尺寸为骨格大小和重量的代表。此方法甚有价值，因各种年龄的儿童和成人皆能应用之而得精确的结果，比寻常的年龄体高体重对照表高出数倍。标准重量，可以用以下的公式(注一)算出之结果，再除以称得之实重，于是以一人之重量与他人者比较可以知究竟过重或过轻之百分数。一人的重量用此方法比较知其过重或过轻，此种消息，颇有价值，但尚不能十分可靠。因体轻的人有时仍算营养充足也。此种情形大概在一人之肌肉不甚发达而脂肪丰满者遇见之。故不得不研究脂肪之情形和其量及肌肉发达的情形。

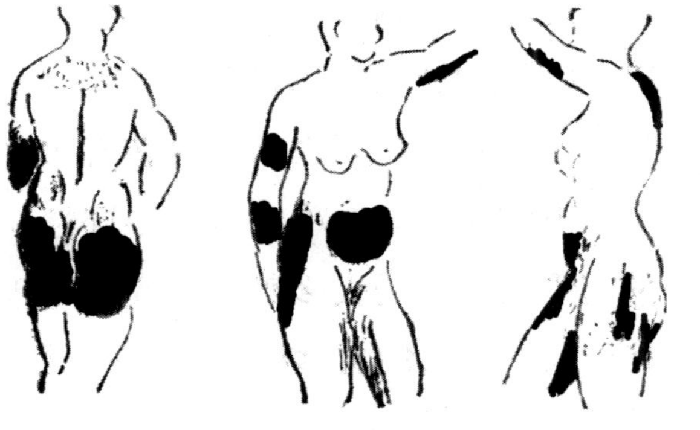

第一图　身体上脂肪之分配图黑荫处为脂肪块之所在部位。

二、脂肪量 近年来创有一种量肌肉之简单器具(注二)以测量人皮下的脂肪量。此种量得之结果与全身之总脂肪量有极大之关系，而全体之脂肪量，与人的健康情形有密切之关系。现在吾们知道量臂，胸，背和躯侧的脂肪。此种测量拿来预测一人全体的脂肪量，尚未能修正到极可靠的程度。因为脂肪之在身上，并非各部平均分配，但是各处所积的脂肪有多少，所以此种测量的应用和解释，须待有相当经验者行之。此种见解，关于人类的任何测验，多是对的，尤其是在医学界中间是如此。脂肪的标准，每一种年龄多有得定出，一人决定重量不足，大概因为营养不足。

三、肌肉的发达 肌肉系统的发达随各人的身体结构而不同。普通所见的例子，可以拿马做比方，如拖车的马比跑马的马的肌肉群多，测肌肉发达的程度，须用每种公式，与求各人标准重量者同。此种公式从胸围肘宽膝宽等求出，其正常数或标准，可从表上直接查出。

在应用测量的肌肉团时，须同时考虑到儿童的习惯的活动，其过重或过轻的情形和个人历史等几种要素。不论脂肪的测量或肌肉的测量，若不与重量及以下列举的各种事实合同一起，不能作正当的解释。此种测量用之正当，可以示人以个人长久时期内身体的情形，即此个人的情形在较远之时期间或最近过去所造成者。盖脂肪或重量在每种情形之下，可以赶快养成，但肌肉的发达则取较慢的步骤，且其所示的健康的情形，较重量和脂肪为在较前的时期也。

此种发见能受身体上他种功用的影响。例如胛状腺过分活动，可立时变换其外形。所以体重脂肪和肌肉的情形，表示儿童大概的健康，同时须研究他种的发见。

四、肺的呼吸量 此寻常用量肺器测量，所以量其呼出气的总量。量肺器上所量得的个人的数目，与同性同年同高同重的各人的平均数比较，可作为个人的标准。在测验肺量时，有几种事前须当心的事件，须观察到家，因为有主观错误的可能。

判断的根据有两种。第一即一人高出标准多少或低下多少。肺量高出标准，无何等重要，但是低于标准百分之十，则为表示一人身体有缺陷，应加以医药检查。若一人的肺量低于标准百分之十五，则身体之情形恶劣，须求医药上忠告。第二种用肺量的方法，须逐年的检查。若一年的考查有显然的特殊低降，则是有病之证，须立时医治。学校中每年测学生的肺量而加以逐年的考查其变化，则觉甚有价值。增或减当然不是与前一年比较实数得来，乃是从两年中的记录，与标准之数比较得来。此种变化，不但因为肺里有病，心病及其他器官的病，往往亦足以减轻肺量(注三)。

五、新陈代谢程度　医生常欲测量一人在休息时的身体内之燃烧程度。此种程度谓之基本代谢程度 basal Metabolism Rate 此种测验极正确，但须用极贵的器械和费极长的时间。一近似而可靠的基本代谢程度之测量，可以李特氏(Dr. Marion Reed)(注四)之方法，氏从脉搏及血压二者求得一计算的公式。测验者若非医生，而对于测血压有理论与技术双方之训练者，可以用之，此种训练，并非十分为难，此种方法可以应用。

设法实习此种测验，使成常务，实无此必要。但此不过为体重过轻而同时有脉搏缓慢或快速或者代谢程度有不足或过度之病征者，作补助的测验，此种方法不过为估量身体的一种方法，与他种方法同，须善为应用而解释之。测验之后，若发见与正常的情形相去颇远时，则须商诸医学专家。

六、身体的式样　有时需要测量人的身体以估量对于环境要求之抵抗力。此可举一例以明之。例如一生活体全体的容量(可以用重量代表)须由养料供给，而此养料乃从消化器官之内面吸收而来。吸收面积对于身体容量的比例愈大，即消化道受征发的紧张愈少。人类之机官，遗传上有人每单位容量所占之面积较他人为小。所以一人若发见其面积有大不同时，则有易感几种疾病的趋向。甚之此两种极端的身体结构，照其疾病的历史而言，二者皆不能免。故此种趋向，足以表明测量身体的结构一项，对于身体健康的管理给以忠告。

今举两极端之身体之式样以明之。一种为长而瘦长颈而面窄者，臂与腿和躯体的比例为大，肋角窄，全身之肢体长度皆超过宽度，故名之曰线形体式(“Linea” type)反之一种短而结实者，四肢与躯体之比例为小。胸腹较大，颈短面宽，四肢粗大，肋角大。全身宽的比例大于长度，是类名之曰侧宽之体式。研究此两类人易犯之疾病，及其致死之重要原因，则可以知其两者之趋向完全不同。线形体式寻常比侧宽体式者为多犯肺的或他种的痨病，他种呼吸器病，消化道溃烂及他种消化器病。此等疾病，大都包含淋巴腺涨大胛状腺过分活动等，大概胛状腺过分活动病(Hyperttryroidism)为线形体式之主要原因。大多数遭遇为五脏下垂，和坏姿势。反之侧宽体式对于以上所提之病，大概能免除。惟易犯膀胱病，心病，肾病，及普通循环器官等疾病。此类人大多数有血管硬化及血压过高之现象。

欧洲精神病学家 Kretchuner 氏主张具线形的体式一类人，多病狂乱发泄(Dementia Praecox)的一种精神病。反之具侧宽体式一类人常病狂乱隐郁之一种精神病。氏又说此等同一类人有同一的趋向，他们气质上的变化也有一定的。这种现象，造成精神卫生上许多问题。(注五)

作者述这两种相对的例子，其事实载诸医学的刊物上，是应用于均数，但是还有许多例外，读者当可以明了，居间的体式一种人，在体格和疾病的倾向方面，不能发见两种极端的样子，还有混合的体式，也把我所举的两种简单例子，变成复杂的形式。

此种说素，一部份的解释由医药人体测量之学生主持之，其所得事实为具线形体式的一类人吸收养料的小肠面积较小，易于工作过度，寻常易于得消化器官病，并易于营养不足。但此类人不过消化得少，吸收得少，而肾脏无过分之负担，不致使血管硬化，故心无过分工作之忧。此种体式的人，先天禀赋比较为逊，其源始于上皮组织的不同，结果比平均数人，易于感受疾病。

侧宽体式一类人关于消化器官之吸收养料，得天独厚。食欲强，消化力亦强，结果循环系统与排泄系统负担过重，相应的受累。是犹一机器蒸气锅大于机器，所以生物学的压力(Biological pressure)太高。

人体测量学家的责任，并非用量胸器和尺以诊断疾病，即使有这可能性，亦并不是有责任。在人体测量界中，有许多事实未发明，给吾人以极好之机会，在卫生管理方面，研究出给各个人以特殊之忠告，并非像现在一样只能给人以普通的卫生忠告而已。据作者之意见，在此科学范围之内，有许多不当心的著述，有许多茫然的推论，应该修正，但是这一界中，若一人愿埋头数年，前途光明。

此外尚有数种测量之方法，以分别身体构造上之异点，且有颇高的正确度，新式医生及管儿童的健康者，日后将多利用之。

七、目前身体状况　个人健康的情形时高时低，常有曲折。今日健全，明日或受风寒。往往这种情形并非器官起改变，不过有许多器官或器官全体的体式暂时改变。有几种方法可以量此等情形，即在某种部位及体操中看其脉搏和血压的反应之情形来决定。此等方法，有提出的价值者共有三种。

一、许奈潭测验　医学界中严重视之。其记载为立时和卧时的脉搏，立时与卧时心缩时的血压，从卧时到立时脉搏和血压增加的数目。操过标准医药体操之后脉搏增加数目。在操过两分钟以后立时脉搏回复的情形。此等测验在大战时发明，有许多节目在测验本身无大价值，而与他种测验同时解释则颇有用处(注六)。

二、第二种为较简单的测验，名为脉搏比例测验，先由英国 Hambly 教授设计，后由阿屋瓦大学 Tuttle 教授(注七)修改而简便之。此修正之测验，美国常用之。测验内容为先数立时正常脉搏数，再做两次序的分等级的体操，操完后，立刻数脉搏两分钟之久，于是从这结果中得最后的记录。此测验易做而且简单不需贵重的器械。

三、第三种方法为麦克乐氏(注八)所设计。内容先记操前立时的脉搏和立时的心舒血压。此结果混合于简单的公式之中，由此公式立刻可以知情形之指

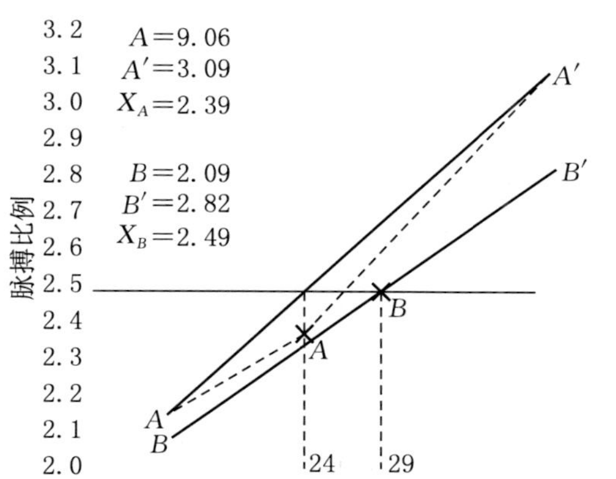

第二图　流血之心未曾补足者之脉搏与正常心之脉搏之比例

分　数	不健康	健　康
100		
80		
60		
40		中数 ⟶ 40
20		
10		
−20		
−40	中数 ⟶ −54	
−60		
−80		
−100		
−120		
−140		
−160		
−180		
−200		
−220		
−240		
−260		

第三图　心脏血管测验所得之身体情形之分数之全距

4.46(立时心舒时之血压)—(立直时之脉搏数)—3(体操后之脉搏数)

$r=80$

数。此种研究所做的测验材料太少,结果有颇大的用处。修正之而使之有用之后,当再慎重解释之。所麻烦者,就要用血压机,和许奈潭的测验同。但合用的程度,则比许奈潭为多。

以上三种方法皆能测量个人现在的健康情形。但没有一个有极高的准确度。因为情绪和健康的情形(两三晚不睡)影响此测验极大。他们的用处在决定一人是否从病的状态中恢复至健康状态,能否参加寻常的活动。身体情形不良者,当然不能有良好的测验成绩,而得不及格之成绩时,则准恢复正常之工作前不过与以警告及充分的医学检定。此等测验与以容易而有效之保障,学校中今付缺如。此等测验有一定限制,只有可用之处利用之。

目前此种测验为判定一人是否从流行性感冒或重伤风已经复元与否的最好之方法。

撮要

此等测量方法所以评定身体状况,并非可以用为常例之工作,已述于上。在学校可由医生或看护施行。作医药检查之补助。

此种身体测量常在显出一人需要精细医药检查,有几种测量方法,亦可用为常例的工作,尤其是在学校内,给有经验之医生以充足之时间能测量之。测量之时当然容不到说一可疑的不健康状况请有经验的医生再查。

在学校程序中一种完全而不复杂之测量当然合式。此种程序无经验者决不能执行而解释之。虽然所必需的训练经最短时间可得。此种生长与发达的测量，及他种运动器官之测验，寻常与体育程序联合，此不在本文讨论（此等人体测量作为身体合格之指数）。此等测量应与儿童之智力测验学分，品格分数精神卫生等同在一成绩单上记载。一学校中若行医药检查，此等人体量成绩，应与医药记载并行，使卫生教员得到便利。

总之作者自信现在对于健康教育与生长发达之学校，或他种机关，已到研究及利用人体测量之时期矣。人体测量之应用，胸中须知各个间之异点，并须利用精细分析各个人的方法。又此种个人身体与健康之测量及评定，不过为视察健康程序之一部份。又测量只在结果永久而有应用于个人健康问题时有用处。

（注一）预言正常体重之代表回归方程度，有下列两种。此等公式有大学男女生两种，全用法国度量单位。

甲、男子体重 = 0.2359 体高 + 0.9641 胸围 + 1.140 盆骨髂脊之宽 + 2.480 膝宽 − 112.8

乙、女子体重 = 0.3156 体高 + 0.8041 胸围 + 0.6508 盆骨髂脊之宽 + 3.608 膝宽 − 105.2

（注二）此种器械可在美国 American Child Health Association, 450 7th Avenue, New York City

（注三）关于此题目之英文参考书；为 J. A. Myero, The Vital Capacity of the Lunges, Williams and Wilkins Company, Baltimore

（注四）读 J. Marion Reed, “Basal Pulse Rate and Pulse Pressure Change Accompaying Variation Metabolic Rate” Archives of Internal Medicine, 34: 553—565(October 15, 1924)

（注五）R. B. Bean “The European of Types”, American Jr. of Anatomy, Vol. 31 (March, 1923)

C. B. Davenport, Body Build: Its Development and Inheritance.

Ernst Kretchmer, Physique and Character

George Draper, Disease and the Man

Charls R. Stockard, Humen Types and Growth Reaction“Amer. Ir. of Anatomy, 31: 26 (January, 1923)

John Bryant, “The Carnivorous and Herbivoraus Type of man: The Possibility and Utility of their Recognition,” Bosten Med. and Surg. Ir (March, 1915, and September, 1915).

(注六) E. C. Schneider. "Acardiovascular Rating as a Measure of Plysical Efficiency," Ir. Amer. Med Asso., 74: 1507(May, 1920).

(注七) W. W. Tittle "The Use of the Pulse Ratio Test for Rating Physical Efficiency" Research Quarterly, 11: 5(May, 1931).

(注八) C. H. McCloy, A Cardiavoscular Rating of Present Condition. Arbeits Physiologie, Berlin, 4: 7(March, 1931).

调协

一、调协之意义

调协，英文为Coordination，即各部份几个肌肉互相合作，行调和的收缩以达同一目的之谓也。此名词专应用于有解剖学上之有一定排列之运动器官，而此器官具有特殊之合作肌肉群（或他种作用体），以做一定而合式之有用反应者也。不论何种反应活动，莫不含有几个肌肉的连合动作。此等肌肉，皆有适宜神经分布，连以便于行连合之动作。所以此等肌肉谓之协同肌肉（Synergic muscle）。所谓调协者，是在反射弧（反射弧包括受纳体、传入神经原、相关中枢、传出神经原及作用体）中在作用体的一边做种种调整工作也。英国生理学家Sherrington氏[注一]所讲调协之意义，至为详尽，即“反射运动之协调，为一群分开之肌肉，在一杠杆上调和的共同收缩，各个间互相帮助，以达其共同的目的。但是有许多地方，尚不止如此而已，譬如有两肌肉，其作用互相反对，则其反射弧不但使其二者之一起活动，并阻止其他一肌肉之活动（强直性收缩或韵律性收缩），后者谓之抑制的结果。”

照以上之说素，调协不但数肌肉共同收缩达其共同之目的而已，并尚有同数的反对肌肉放松，以让收缩诸肌肉无抵抗的收缩之一种作用在也。譬如，推铅球之臂推出之动作，其主动而应收缩之肌为前锯肌、斜方肌上部、三角肌前部及中部，胸大肌、三头肌、伸指诸肌。应抑制而放松之肌肉，为菱形肌、斜方肌下部、三角肌后部、大圆肌、背阔肌、二头肌、肱前肌。照如此分析，做一简单而协调之推铅球之臂之动作，须利用如是多之肌肉，故训练不能专在主动诸肌之力量，尚须注意诸反对肌肉放松之习惯。

寻常对于调协两字，以为一种冲动之发出，专使对于反射有合作之肌肉起收缩之作用，实则此种作用只居脑肌活动一半。因身体上每一肌肉常在紧张之状态中，欲此种紧张之肌肉弗致阻碍其反对即之活动，不得不有以放松之，此抑制之作用所以来也。

二、调协活动之机构

调协内含两种意义：其一为与活动目的有关系诸肌之同时起合作收缩之作用；其二为抑制与目的相违之反对诸肌之肌肉之紧张力；故论调协之机构亦应分两端而论。

(一) 与目的有关系诸肌之协同收缩

据英国生理学家 Starling[注二] 氏称活动范围之大小与刺激之力量有关系，如对于腿之活动，极微之刺激施之脚之跖步，只能使脚起活动。若刺激之力量力增加，则能引起屈小腿之动作，终则更能屈大腿之动作。若更加强，则能使他一腿起相反之伸腿动作。刺激加强，不但加强其反应各肌收缩之力量，并能增广反应肌肉之范围。“此种因增强刺激而起增广反应，氏谓之放散(irradiation)。”“放散之范围，不论大小，而所起的反应肌肉，常属有合作之性质而达共同之目的者，例如以针刺脚底，屈脚与大小腿，所以避开此危险也。而此刺激之放散至他腿，使起伸腿之反应，所行跨一步之动作亦所以避开此危险也。”所以然者，最初轻微之刺激，只及一或二神经纤维，其刺激由脊髓后根而传布至脊髓前角之神经原，于是发生司动冲动。故调协动作之积极方面达有一定之目标。若刺激加强，则刺激之进入前角，不至一节。刺激愈强唤起之前角司动神经原愈多，而反应之肌肉愈多。此等肌肉莫不以同一目标行动作。此调协动作在积极方面之器构也。

（二）与目的相反诸肌之放松

使相反诸肌放松之作用名曰抑制，已如上述。此种机构可由 Sherrington 氏所发见之事实以说明之。一种从身体表面来之冲动，起一串之运动冲动，结果使调协诸肌收缩，同散布至于管诸反对诸肌之运动机构使起抑制之作用。此种抑制作用，可由脊椎动物用以下之方法而证实之。先使大腿前之肌肉与胫骨分离，用线一条系髌骨腱于一杠杆上。于是刺激使屈腿肌收缩，同时可见联结髌骨腱上之杠杆下降，此足表明伸小腿之肌肉伸长也。

起此种反应之解剖上之基础，可由下图而表明之。在此图中，神经纤维 X 代表接受痛觉之神经，而此痛觉由针刺脚之皮肤而起。此痛之刺激由后根而至脊髓中，于是分为数副枝，向各方面进行。有自灰质中进者，有自神经系统之较高等部份进者，有更与居间之神经原联接者。后二者且不论，进灰质者直接影响两腿肌肉之司动神经原，分为两组，一组常激动司动神经原，一组唤起反对肌

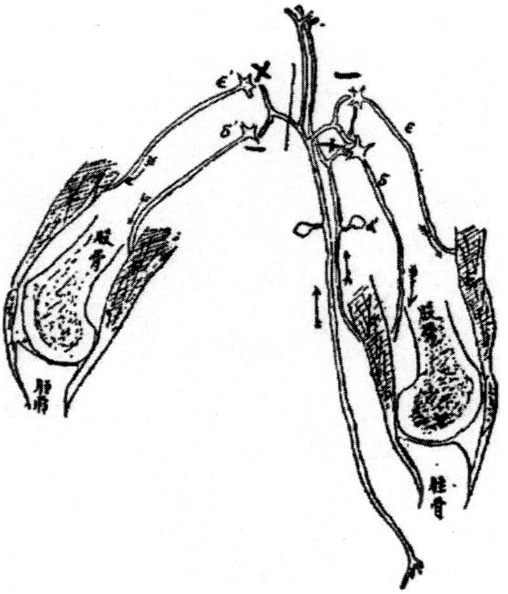

（此图表明两司觉神经之联结与动作，对于两腿之伸肌与屈肌之影响。记号 + 为激动之记号，一为抑制之记号 X 及 X 为两司觉神经原，(Sherrington)。E 为伸肌，F 为伸肌。）

肉抑制神经原。故此一单独之神经纤维,其中央之终结枝,一组为特别之激动者,他一组为抑制者。在此图上,神经 X 在一边腿上为屈腿肌肉之激动者,为伸肌之抑制者。在对方之一腿上则为屈肌之抑制者,伸肌之激动者。

据 Starling 氏之见解,以为此种调协之机构,所以达全身运动之共同一目标者。他说:“从神经系统之广面而讲,在使身体上之动作多有调协之工夫,使其向同一目的进行。此种功能所以谋机体之保全,不容反对诸肌有何等之破坏工作者。”由是观之,调协动作为神经系统合于自然而至善之机构,不可丝毫违背者也。

三、调协对于身体之工作效能之关系

据彭伯立奇(Bainbridge)之工作效能定义(注三),为在肌肉工作时所用精力与实现于外面之工作所成之比例,例如工作效能以 E 代表,则可由下式计算之。$E=\frac{a\times 100}{b}$,a 为一定时间内实际量得之工作,b 为在一定时间内所有消费精力之总量,此种结果谓之粗效能。虽然人在休息之时,不做工作,为维持身体之温度及消化食物等,亦用去一部精力,而同时不做工作者故消费精力之总量中,应减去此时间中休息而不做工作之所费之精力量,则得实耗于工作之精力量。此量与工作比较,所得之效能谓之净效能。可由下式计算之,$E=\frac{a\times 100}{B-C}$式中之 a 为工作量,b 为做此工作之时间内所费之精力总量,c 为在此时间内假定休息而不做工作所费之精力量。据 Bendict 及 Cathcart 之发现,工作极有训练之人,不但其平均效能高出常人,即其最大净效能之指数,可高达至百分之三十三(净效能多为百分二十六)。此种最高纪录,为无训练者所不能及。据彭伯立奇称,其原因由于有训练者之肌肉活动之调协工夫到家,除去一切无效之动作,因之消费之精力较少。作者之意见,彭氏所谓无效之动作,含有两种,一种为无效而空费之动作,即与目的无关之动作;他一种为反对肌肉之动作,此种动作不但与目的无关,且开倒车,有数学上“负”的意义。所以,调协之于工作效能,有绝大关系，肌肉调协之程度与工作效能可正比例也。

四、调协对于运动成绩之关系

运动之成绩与功率（Power）成比例，而功率又随速度之立方而变（P8V3）(注四)。运动时速度随肌肉收缩之速度而变。肌肉收缩之速度，调协之作用可以左右之。一肌收缩之时，若反对肌肉亦同时收缩，速度即为之减少，故反对肌肉能完全合调协之原则，则肌肉之速度不受任何等阻碍，速度自然不致减少。

又各种运动皆须负相当之重量。运动之器具若重而肌肉之不足，亦能使速度减慢。例如，身体伟大而有训练之推铅球好手，十六磅重之铅球不觉其重，其推之速度可照天然之能量而尽量表出之；若令有相等体格而无经验无训练之运动员推之，成绩相差甚远，因其体格伟大虽相仿，而肌肉合作之程度未到家，只有极少数之肌肉加力于球上，尚有许多可合作而能行相助工作之肌肉未能并力以推球，故推之合力不大，致速度亦不大。此种人在消极方面虽其反对肌肉无起反抗之作用，而积极方面之调协方面未到家，亦能使成绩不良。故欲速度之大，成绩之良，积极及消极方面之调协均极重要。依力学上合力之理，两力方向相同者则相加，相反者则相减(注五)。欲速度大而成绩高，相加者宜多，相减者完全免除。此为不易之理。

五、调协之破坏

调协原属正规的，生理的，此种良好之机构，可由不合之动作或不合生理之运动破坏之。以前所谓抵抗动作（Resistive exercises）(注六)及所谓教育动作（Educational exercises）操者须用反对肌肉收缩，于是动作流于呆板而僵硬，不合生理。如吾国之潭腿，从前精武体育会中某派之拳术，动作慢而过分用力，往往违反调协之原则，故愈练久，则技巧之丧失愈多。田径运动之成绩优良着，肌肉之调协大概到十分程度。吾国之太极拳讲放松省力，含胸拔背，即反对肌肉放松之意。其推人也，伸肘之肌肉，举肱骨向前之肌肉，伸膝伸大腿之肌肉，以及挺腹挺胸之肌肉(背肌),莫不齐起收缩,其反对诸肌如屈肘之肌、举肱之肌、腹肌等等,莫不放松,正合于调协之理。太极拳之优点即在此。

六、恐惧时失调协之意味

人体内之肌肉可分为两组,一组为伸肌,一组为屈肌。据作者之实验观察,两组肌肉与两种相反之情绪有联带关系,即骄傲与快乐之情绪与伸肌相联络,谦卑与恐惧之情绪与屈肌相联络。例如,犬之受主人欢迎之时,犬往往将尾卷起而上举,盖背脊上之伸肌收缩使然也。又人在得意之时趾高气扬,亦背上之伸肌收缩为之也。反之,人在惭愧恐惧之时,垂头丧气,身体腹面之屈肌收缩为之也。动物亦然,刺猬、犰狳遇敌来攻,莫不以腹面之肌肉紧缩,身体成团,作消极之抵抗。夫人在恐怖之时,屈肌受情绪之影响自然收缩,故做一运动需要腹肌放松者,若存恐惧之心,腹肌即居反对之地位而不放松,失去调协之意味,结果非动作不成,即成绩减退。例如,跳高之时用伸肌最多,当竿之高度将超过其成绩之时,若遇一二次之触竿下落,恐慌之心生而跳愈不自然,终不能过竿。此无他,反对之肌肉(屈肌)收缩失去调协之意味为之也。

七、调协之训练

据窦伯(Deppe)氏[注七]说:“小孩在五岁左右,肌肉的无意识的紧张,已从四肢及脊柱中发生,富于意的男孩,较女孩与易于约束的男孩为尤甚。此种紧张,能由偏用身体及神经而增强,能使精力起继续不已之消耗。做动作时,致反对肌肉有过强的反抗,工作效能减少。”此种紧张之肌肉即为不调协之肌肉。为经济的训练计,应做放松肌肉之体操,养成放松之习惯,动作快速,使反对肌肉无所用力。德国最新之体操有此功能,余如舞蹈、中国之太极拳即此种训练。

欲调协得正之训练,不但宜从积极方面培养,并宜从消极方面防止不调协之恶习,大概铁棒、铁哑铃之类过分重之器具,操之足损调协之习惯,盖此等重器运动之时,不论主动肌肉或反对肌肉皆须用力,于是以后每做一动作,不论轻重,皆有各肌齐起收缩之反应,与目的相关者收缩固属有益,与目的相悖者收缩及减少效力和速度。故体育教员不可不三注意焉。

八、调协与人类生存之关系

人类当洪荒时代，巢居穴处，茹毛饮血，饥而觅食，非快速之奔跑，敏捷之投射，不能得动物。人类既与禽兽同居，时时有遇毒蛇猛兽之害之可能，非赶快逃避，攀援迅疾，不能以免于难。人类之不为饿莩、不膏猛兽之腹者，赖有快速之动作耳。神经肌肉系统之快的性质，即调协之机构。故调协对于古代人类生存之关系有如是者。或曰古代人类居野蛮之世界，赖调协以生存，今人生文明之世界，可由农耕以得食，无待乎田猎，山野成田，草不昌，木不茂，禽兽灭迹，高强垣，固门棚，益贼不进。人类之活动不快速亦能生存，何贵乎身体之有调协工夫？余应之曰，人类之生存竞争，将万世而不已。洪荒时代人与禽兽竞存，今后人类与人类竞存。彼帝国主义者，欲奴他国之民，增其国之富强，以达增高其一国或一民族之幸福之目的，故实行经济侵略，经济侵略之不遂，施以飞机炸弹之攻击。于是弱国之民，非死于敲骨吮髓之经济侵略，即毙于肝脑涂地之炮弹轰炸。欲在此种十百倍于洪荒时代之野蛮世界生存，非有十百倍于古代人类之快速与调协不可。何者？欲防人经济侵略，首在生产，存本轻，出货多欲存本轻，原料需价廉而物美，及工资轻而效能大，欲原料廉，农夫非多种快种不可，欲效能大，工人非敏捷机巧。农夫快种，工人快做，本在调协。调协之于经济之关系，可谓明显，欲抵抗飞机大炮之轰击，固亦须利用飞机大炮。然二者之精良同，则胜负须视运用者之敏捷之程度而断定，在飞机上射击，快者击落人之机，慢者见击于人。同时一枪，敏捷者杀人，滞缓者见杀于人。战事之胜负，兵士之存亡，惟调协身体之程度是瞻。是故欲复兴民族，首宜训练有调协身体之国民，然后方有调协身体之工及兵。讲国民体育者，讲军士体育者，其勿忽视身体调协之训练也。

（注一）Sherrington：Itegrayion action of nerveous system

（注二）Starling：Human physcology p. 338 The mechanism of Corodinoled Movements

（注三）Bainbridge：The physiology of Muscular exercise p. 15 the mechanical Efficiency of the body

（注四）吴蕴瑞《运动学》(第二版)65 面功率

（注五）吴著《运动学》第九面

（注六）Williams：Principles of physical Education p. 121 reciprocal innervatin

（注七）Hans Footreuter：Grmnastik p. 26，ubungsformen

（原载《体育季刊》1935 年第 1 卷第 2 期）

对于许多肌肉究竟如何[①]

从耶稣诞生前五百年至降生后一千九百十五年以来，人们身体方面的事业，已经昌明。近来关于纯乎身体方面之训练，发表文字极少。从郝满(Homer)到桑代克时代，体育专注重于纯粹之身体方面。自受桑代克心理学及杜威哲学的影响以后，体育之见解为之扩大，注意及于如何教育青年，体育为一种职业，为之有极大进步。但此种进步，不免有逐浪失楫之讥。为何有此结果？读者与作者试猜之，大约有三种原因：第一，许多体育家有低能性之感觉(Inferiority Complen)，自以为非教育界中之一分子，乃系纯乎一体育指导员。注重教育方面，是给体育界以面子，体育界多庆贺新的重要之点，忘却了最基本的事项，不再需要注意强身。

第二，用游戏书及叫子来施教，觉非常容易，可以省时间、省预备，可以得熟练高等之技巧与技术。

第三种可能性，为主张新教育上之领袖，对于新主张过分努力，与学生及书报之阅读者，以体育上之实质，全在教育方面。因此，体育大学设有体育课之后，加有心理学、品格教育、心理卫生、体育测验课程、组织原理等科目。

以上所举之诸点是合理，则进一层可以考察其证据。除学校代表队肌肉充分发达之外，一般学生则大有问题。依作者之推测，现在学校中体育班中，只有五分之一之学生，得有充分之操练，身体器官实际上得着刺激。盖普通之力量

① 麦克乐著，吴蕴瑞译。

测验(用饶权斯氏的身体合格指数来量力量),发现在一城之中,只有五分之学生有正常之力量,且饶权斯氏之力量正常数之要求十分平常。

肌肉多是否需要试推究其理由

一、一九〇七年,泰乐氏(J. M. Tylor)著有《生长与教育》书。此书为体育原理之基本书籍。在头上数章搜罗许多生物学与事实,此种事实,从未受人批驳。泰乐氏发表,身体躯干及四肢肌肉之用力操练,对于幼年青年至为重要,因不但刺激其基本器官(内脏)之生长与发展,并刺激其心与脑之发达也。同时所需要之操练,非相传下来而属旧腐之秀美动作,乃促进身体各组织内多量养化之动作。器官之发达,靠大量之操练,用含一半静止性质之活动,不能使机体充分发达。泰乐氏已将各种事实发表无遗。

二、关于身心一元之事,实近年属心理学之文字,发表亦不少,但是此等文字,寻常专讨论思想与作文诸端,俟乎儿童之身体整个是心。吾们体育界从过分注意教育方面以来,亦有同样之错误,实则机官属体的方面多,属心的方面少,要脑子有最合宜的功能,只有从讲求各部份之器官起充分之功用。

三、从心理卫生一观点而论,许多研究属于体育范围之内,而未发表者,发现身体不发达之儿童及成人有低能之感觉,此种感觉,对于社会反应及品格之发达有极大影响。人们需要充分之身体训练与游戏及消遣之活动,有同样重要。这是心理卫生上之一问题,这有从充分发达身体,可以改正,体育家不可忽视也。欲问题解决,不能仅明了问题而已,须实事求是,在本问题即发达肌肉得有良好姿势,并发达一切器官训练身体本身。

四、关于体力之重要问题,可设一比方,读者自明了设一人着帆布短衫一件,昼夜不释而衣之,四边缘以铅子,重等其体重之四分之一,则此人必及早感觉疲劳,无力营积极之工作,在晚间即不做工作,而行消遣亦困惫不堪,且觉永久疲劳,尤以在下午觉为过甚,同时对于细微之传染,如伤风更易感受。一人过重四分之一,即感觉此种困难,一人若有正常之体重,而其肌肉只达其五分之一,其困惫之形,不与此假定穿帆布短衫者同,一人过重其体重之四分之一,从疲劳,工作少效能及易受细微之传染等观点而论,亦有同样之不利,此种成人或学校学生有以下四种弱点。

(一)急性与慢性疲劳:肌肉发达未及格之人,疲劳易起(饶权斯氏发表数种耐劳与力量与体重之比例有极大之相关),此人不但易受急性之疲劳,且营平常生活,疲劳易于存积体内。在每星期之末,觉萎靡不振,此即受积储之疲劳中毒而然也。

(二)肌肉之效能减低:研究肌肉工作之生理,知肌肉收缩之效能,与其负担之重量有关系,即负担重、效能小,负担小、效能大。一人之肌肉力量小于正常之量,加以常时之疲劳,则肌肉之效能低于肌肉与体重比例正常之人。

(三)感受传染:一疲劳极甚之人易于伤风,此为习见之现象,且觉慢性疲劳者较暂时急性疲劳者为尤易。其理或因传染开始之时,急性疲劳之恢复,远在危险期之前。寻常见一人星期末较在星期初得休息之时易于伤风。肌肉不发达之人,伤风易于肌肉发达者。此等对于特殊之免染性,视体内之化学情形而定。

(四)内脏器官之功能:泰乐氏又发现肌肉多操练之后,日积月累,可以加强整个内脏器官之功能。此事实可以心的功能证明。此种器官本身系肌肉组成,因随意肌用力操练,心亦被迫而营强烈之工作以应需要。一人之肌肉组织若常在水平线之下,其心亦比软弱,等于其四肢。遇不测之环境,如追电车、抗肺炎、不能应付环境,故心之弱者,常较其负担之工作为低。力量之强者,实为最好之人寿保险法。

所有以上事实,皆足以证明肌肉系统发达之需要,比体育界所发表之文字之所要求者为甚。一般非体育界往往辩论,以为人们不希望多做劳力之人,可以不必多发达肌肉。此种论调,实为不智。盖一成每日须抬其躯体(一百至二百多磅)上楼梯到办公室,需要正常之肌肉。故体育界中人,应再加考虑整个而纯粹的身体的问题,以后当多注重之也。

体育组织及教学两方面:对于体育教育之重要之信心,我在体育界中,不让他人惟健康教育之进程亦极为重要。然而此等体育之基础(发达、教育、改正及其他方面)皆建发达身体本身上也,是故此等基础,至为先决问题。

近数年来,体育之风尚重在成人之教育。从全体而论,体育界上未追随此种运动。人们若参观德国式之体育会、青年会之成人班,则见少年样之六十多岁之人,能打极快之排球,做器械上之难动作,既优雅又轻松,为一般体育教员所不能做者。还有五六十岁之英国人踢足球、打曲棍球、划船,一如少年,见此种事实,当觉悟中年或老年堕落之人,功能已大都退化。此事实为其中年不注意之发达,而失去少年体格之罚也。中年状况失之不易,换回至难,维持则易。

作者似觉照今人之智慧,在注意主要之目的外,尚可注意他种目的,此时期已到,其法在保古加新,不能因有新而弃旧也。

(原载《体育季刊》1936 年第 2 卷第 3 期)

最近体育测验文字评论

自一九二五年以来之体力测验，除关于体育测量文字，简短或概括之评论以外，无显著之征象。实际上，每一测量身体能力(Bodily Powers)者，即使其目的仅在测量身体固有之能力，总包括多少体力测验于汇选测验之内，其最显明之事，即汇选测验之愈近沙勤博士(Sargents)体力测验程序者，则其结果常愈可靠及有效也。

或者，体力测验之起点是在一九三二年十二月洛安氏(Zerohour)第一次向乔治司缺雷安研究社(George D. Strayer's Seminar)学校行政人员之建议：普通运动的能力和能量测验有大的相关度。此等测验又可用以测量和平均竞技对抗队之运动能力。语毕，会场欢呼及讥笑之声，几震于全院。当时有人欲推翻此新奇之建议者，乃举许多例外以相诘难，如考林麦冷勿而翰逊逻和诺里皆无伟大之身体，何以均为优越之运动家等等。此后全国实验家乃相继发现体力为运动能力基本之要素。然在一九二三年时，仅有司缺雷(Strayer)、鹰格哈脱(Ingelhardt)、厚斯(Gates)和墨克考氏(McCall)等数教授相信此说而已。

兹将一九二四年以后所发明或产生之测验，逐一批评如下。

(一) 一九二五年“体力指数”和“身体合格指数”均于是年成立，但此处须注意者，即洛极教授(Roger)对于体力指数之兴趣，较深于身体合格指数之兴趣也。饶权斯(Rogers)教授当时所致力者，为如何均衡竞技运动队能力之问题，而司缺雷教授则以为如以身体合格指数(Physical Filness test)为中心，则其结果尤为显著。后来事实亦证明氏之意见之切当。因此身体合格指数，不待多时即变为普通测量体力活动量的方法，而成为划分学生体育程度最重要之基础；同时不但于体育占重要的地位，即于劳动方面和医师的检查体格，都占重要的关系焉。

以上各种指数，虽于一九二五年发明，但至一九二七年始真正应用于划分学生体育能力及平均敌运动组队能力等，同时勃雷司(Brace)亦完成其运动器官能力测验表(Scale of Motor Ability tests)。虽此表之意义为测量原有运动器官能力，而事实上却极侧重于各种体力之测验，以威尔孟(Elizabeth Wellman)在彼未出版之硕士论文中(一九三三年该文之摘要即披露)更找出如将吾人体力一部份除外时，则女学生技术和勃鲁斯试验间之相关系数，即略成负数。此足表明勃鲁斯测验重要之因子和测量体力或至少测量人体合格指数的因子相同，尤其在勃鲁斯论文中所解释之特别数字如三、九、一六、一七、二零等为然。此外，据威尔孟(Wellman)的考查，勃雷斯原有能力测验表对汇选测验效力上，并无其他之贡献云。

(二) 一九三六年巴代氏(John T. Bovard)和苛森氏(Frederick W. Cozens)在渥雷刚(Oregon)地方，复述许多体育测验之文字。关于重新采用体力测验之批评至少有十五处之多。对于沙勤博士之体育科学化之贡献，看透其价值和其固有的性质，彼等之评论皆非常重要，因其时尚无实际应用身体合格指数也。彼等对于体力测验之预测如下：

“体育测验在过去十年中，实际上已遭废弃者，今日又将复行矣。如此方知以后对于可供体育上测量之任何材料或方法，均不应随便废弃”是也。体育界许多人士，感觉从前通行于大学学生人体测量方法，现时均可废弃。但吾人感觉此种态度，实为错误，日后将有何种发现以代替之，吾人能预知也。

(三) 依旧二七年白立斯(James S. Bliss)经过若干的实验和调查以后，结论为“在适应各种大筋肉的活动，体力应视为基本的要素。”

(四) 一九二八年麦克乐(McCloy)出版《中国学生之研究》一书。书内承认肺量、体育活动和健康三者相互之关系。氏更注意到渥白林(Oberlin)(地名)妇女活力之量(the Vital Capacity)优于中国的妇女，并正确的断为足以代表两个不同团体人民的区别，而中国妇女则代表幼时不从事运动团体云。

（五）一九二九年苛森（Cozen）承认体力对于运动能力之重要，而将双杠上双臂屈伸一动作，作为大学生汇选测验七种测验之一。氏其他四种之测验，都是著名的体力的测验，如棍球掷力距离、足球踢力距离、立直远跳距离和四分之一公里赛跑，皆吾人所习知之，联合筋肉力量和忍耐之实验也。忍耐力主要的成分，即关系优越的筋肉力量，所可惜者，为苛森氏未能将完全之体力测验施之大学生，藉以决定氏汇选测验中何种成分可以废弃而易以沙勤博士所提倡之简单便宜，迅速和客观的身体能力量的测验也。

（六）在一九二五年和一九二八年的中间，体育学界曾为妇女发明各种身体效能之测验，包括肺量、握力和腿力等，最著者为威孟（Wayman）、苛林（Collin）、霍伍（Howe）和加非而特（Garfield）的试验。

（七）一九二九年佛兰臣（Franzen）在美国儿童健康会出版学校健康研究刊物第十一期，明示医生对于各个儿童所需要的养分，大多数是没有一致的意见，氏定一种测量法比敦安林量表（Dunfermiline Scale）或医生主观判断为可靠，于选择静止的人体测量法时候，氏发明手臂和小腿周围的筋肉，为各种最有效之测验。在氏第一章之摘要中，氏报告如下：

> “在分析量表（Analytic rating scale）内之各项，经过选择医生总评判所公认者为筋肉之质与量……”

所不幸者为美国儿童健康会研究员未将握力之测验列入，盖活动的体力测验，为表明营养情形之可靠方法，比较任何周围之测量及皮下组织之考查或静止之测量等方法为可靠也。

（八）自一九二八年始，麦克乐（McCloy）对于体育测量方面，曾作若干的贡献，大多数为体力的测验，而专以引体向上及推体向上之动作来测量臂力。氏最近关于此点及其他有关之著作，皆为用数字分析的极优越的著作，氏曾用其他的公式和技术大加改进臂力测验的可靠性。此处我们应该注意的，即

(McCloy)的公式是合实际应用的,氏又于一九二五年即觉如用复杂的公式去代替现在应用计算体力指数和身度合格指数之简单方法,能增进以体力指数为运动能力测量之正确性者,约至百分之十五之多。但此项优点,因其价值不及人体合格指数之简单而可靠,终为人所废弃云。

(九) 一九二九至一九三二年,墨失尔(G. N.Merser)在威廉大学内实验体力测验,证明体力测验于分别学生体育能力、测量体育进步及促进活动等均极有效。氏又得到大学学生体力指数和以客观的方法,所测验大学生普通运动能力两者间的相关系数为92。氏又找到威廉大学运动员之体力指数,该校全体学生有百分之九十未能达到该指数之标准。氏于博士论文(纽约大学,一九三三年尚未出版)中曾报告其所得结果。

(十) 一九三一年阿尔敦(Florence D. Alden)、霍尔敦(Margery O'Neil Horton)和考活尔(Grace Marrie Caldwell)等曾为大学女生完成一人体器官能力测验方法,包括许多关于体力测验的成分,如五十码赛跑、高跳触物、屈体高挂悬垂及屈腰等,最后之屈腰测验乃系用测量机测量者。如将彼等优越之报告加以分析,即可明了体力测验对于大学男女学生或中学男女学生均可靠之测量也。假使各种测验可靠的系数是非常之低,而为有训练之实验家而作者,其汇选测验常较吾人所要求者尤为可靠。同时,吾人不得不奇异者,何不以他种体力测验之结果与此新汇选测验之结果相较,体力指数汇选测验常因有较大客观的性质,时间的经济、可靠的程度和确定性等种种之优点,较上述新的测验方法,尤为可靠。推原其故,此等研究家系同许多教育家,犯一种公通的错误,每欲为纯一学生组合想出测验的方法,因此彼等混合各种不同之测验,以获得混合的指数,故未采用他种体力测验而纳之于新测验中耳。(统计程序之误,于作者体育基本测量法一书中解释之。)

(十一) 一九三三年墨喀苛(McCurdy)对完成他研究比较体力指数更有效之普通运动能力测量的五年研究工作。氏于沙勤博士跳之测验更加上几种体力测验,测量与体力相对照之筋肉速度。氏更指出跳跃测验较普通体力测验所测量不同的性质,氏之混合测验为普通运动能力可靠之测量,比体力指数为优,故在两种测验均可应用的时候，自应优先应用氏之混合测验方法，以决定现在运动的能力。

（十二）以下为最近关于体育测验之研究或文字比较缺少科学基础者，但无一不引起对于测量方式全国浓厚之兴趣。下述总结，均为具有非常兴趣之文字与研究也。

西密雷(Smiley)和羌盘铃(Chamberlin)两氏于一九三一年报告，身体合格指数和身体医药检查合格程度有较高之关系。羌盘铃氏于一九三三年罗却司湍地方与体育和健康杂志上，依据个人需要作一体力测验和体育分类的极有光耀的文字，渥斯缺雷枢(Oestreich)于一九三三年八月份上述之杂志上，报告氏在敏纳沙他地方所做体力指数和人体合格指数实验之结果。

魏雷(Wylie)依据他最近硕士论文的研究，曾指示体育测验对于测量暑期童子军露营活动的效力和鼓励儿童及父母兴趣的伟大的效果。

密歇尔(Mishel)在另一报告中，报告彼在一私人儿童露营内所作体力测验类似之结果，氏报告解释各种测验和应用试验之结果，对于获得儿童参加露营生活上极为有效。

籐潭氏(Victor C. Dunder)在敏纳沙他和夏渥华省(Iowa)冷泼(A. H. Rump)地方，也像墨喀苛对氏实验以体力测验为运动能力最有效之指数，诸氏皆欲确立身体能力测验之价值为人体器官能力的测量，因此皆为一种重要之研究。

（十三）一九三〇年体育督察寇雷氏(Danial J. Kelley)和纽约瓶汉敦(地名)诺登小姐(Miss Effie F. Knowlton)修正一实际学校健康问题(A practical school health program)由市保险公司印行该项多量之小册。此项专论，主张革除旧时年级制的分类法，而以体力指数及身体合格指数为身体能力的标准，藉以分别学生的体育活动，例如哪一类的学生应该有哪一类的体育活动。

（十四）最近体力测验的研究，曾载于一九三三年十二月份之研究季刊。墨金斯缺雷小姐(Miss Mckinstry)曾找到“任何单纯的身体测量都没有生活量(Vital capacity or lung capacity)对于健康和身体合度关系之显著”的原则，女士又摘录许多人所得到类似的结论，尤其探纳（Abby H. Turner）的结论，墨金斯缺雷小姐之第六总论，最为重要之结论，她说："人体测量和测量所显示体格的优点乃选择体育训练人员优良之标准。"此外，于季刊内附载体力测验之书目，俱经相当选择之有价值之书籍。

体力测验文字正在长足之进展，如几何级数之增长。

有人以为，肺量测验为不重要，及以背和腿之测验为无显著关系或太费，而均应废止之。作者认为，此种态度应加以严厉的批评，其用汇选测验以量人之身体合格程度者更应批评，作者亦不赞成体育家之不肯采取智力测验家测验之优点，能于混合试验中保持各种之要素，有时竟可获得百分九十之可靠程度（按多数智力测验之可靠程度皆如此，而文字测验较其他测验尤为正确）。

最后，作者建议以后之体育家，对于身体合格指数或其他相类之健康测量，应视体力指数或相类之他种运动能力测量较为注重，因为学生的分类应以健康及体育需要为根本，至于客观的运动能力测验，仅偶然用于平衡运动组队之能力而已。身体合格指数对于增进体育、适应学生个别需要和增进教育家光荣之性能，较之任何运动能力指数之效力，几大数十倍或数百倍之距。

所以体力测验，除了少数知识分子以外，对于全社会具有莫大之关系，是无可辩驳的。因为任何人类的社会，至少在现世纪以内，无人能避免使用筋肉，所以欧洲许多的国家，俱回返古代锻炼身体的趋向，以期创造新国家。墨索里尼和斯大林都以锻炼国民身体为无上重要之事；希特勒则主张新德国的教育，第一注意国民强壮之体格。

在生理健康论，海内所说："一个人的工作能力量乃其人健康在最有用之测量也。"（此处工作能力量不限于体力）是非常重要之言论。

英国医药研究会劳动疲劳研究委员会（Industrial Fatigue Research Board of the British Medical Research Council）欲测量劳动疲劳和女工所能担任适宜重量曾于实验中几全用测量机测验体力，至彼等所作之报告，尤为一彻底数字分析优美之报告，足以引起体育家和实业家同等之注意焉。

在每个医药界体育状况之新报内，都显明体育家常被要求注意增进学生之健康。最明显的事实,是现在的医师、看护公共健康服务者和医院都不以全国健康问题为急务,至多注意百分二三之人民,在疾病尚可医治以前,去防止他们的因疾病而丧生。试问曾有何人注意人民百分之三十至四十之多,其健康常在水平线以下和除掉体育家以外,一般人身体健康常向下走乎!

何为健康?多数生理学家、医生和教育家的定义,不外乎是"健康是人的活动量,工作量,身体支持任何环境的能力量,或负担整天工作,毫无疲劳,或身体能免困乏现象的能力"。此皆属于筋肉的能力或协调而不可以客观的、可靠的、经济的、最简单的体力测验测量之者也。

吾人可对于威廉氏(Willian of Oceam)十四世纪 Law of Parsimony: Entia Non Sunt Multiplicanda Praeter Necessitatem 谓立刻设立两种以上之假定来解释一种现象,为不合科学之办法,吾人之推论可为"人特种功能最简单的测验,常较用复杂交互混合测验之方法为有效"也。作者又主张体育家欲测量身体合格程度、身体能力或普通身体器官能力者,应尽量应用密切体力测验和技术,耗费精力于体力测验和技术之上,而不应专寻找测量交互替代的工具。(Ad infinitum)

(原载《体育季刊》1936 年第 2 卷第 2 期)

大肌肉活动用全部学习法与分段学习法效能之比较

一、引言

动作学习(Motor Learning)用全部学习与分段学习之效能比较,欧美心理学家研究之者,颇不乏人,出版之书,可谓汗牛充栋,然皆限于小肌肉之活动,如打字、练钢琴、检牌等,此等活动与大肌肉活动有截然不同之点,即影响效能之他种要素,在小肌肉活动方面少,在大肌肉活动方面多,此等影响可有以下数种:

(一) 体格:所谓体格者,是指骨骼之长短,身体之高矮。一人体格高大,运动成绩易于达优等之程度,即由初学起至优良成绩之过程中,进步亦较快,以大肌肉运动为然。

(二) 天赋之能力:此项能力,如腿之弹力技巧、敏捷、管理身体能力、平均可屈度(Flexibility)等,可说全由先天遗传而来。能力之高低与学习大肌肉活动之进步迟速有直接之关系。(注一)

(三) 力量:力之大小与腿肉之横截面为比例,而肌肉之大小由先天遗传而来(大概身体短阔之人肌肉大,瘦长之人肌肉小),半由后天练习发达而来。不论天赋与后天之结果,力量愈大运动愈易进步,且成绩愈优越。据 Roger 氏之研究,知力量指数(Strength index)可表示大肌肉活动百分之八十之成就,小肌肉活动则与力量无多关系。(注二)

二、研究之步骤

（一）分组方法：影响大肌肉活动学习进步之要素，即如上述之多，故研究之第一步，须将此等影响进步之要素除去，即依据麦克乐氏（Mccloy）之运动能量测验（Motor capacity test）之分数来分类，以代专用年纪分组之方法。在本研究中共分三组，每组十八人，而各组动作能量之分数之总和，均达成一千七百六十四分，即表明各组受试验学生之各种天赋后天之能力相等之谓也。(注三)

（二）事前之成绩测验：本研究以掷标枪运动为对象，事前测各组学生之成绩，并使各组学生之成绩相等，即未行学习之成绩之总和，均为四百二十九公尺，所差亦无几。

（三）练习之方法：本研究中分学生为 A B C 三组，A 组用全部法，B 组用纯粹分段法，C 组用递进分段法（Progressive part），至于运动之分段，则跑十余公尺为第一段，末五步为等二段，掷之动作为第三段。

（四）练习：每星期练习四次，每次一点钟。

（五）控制：

1. 平日之控制：

（1）不许课外练习，且不出借标枪。

（2）对于标枪有迁移可能之运动不准练习。

（3）对于标枪成绩相关度大之运动亦严格禁止。

2. 练习时之控制：

（1）不使其有偷闲之机会。

（2）使每组学生引起兴趣，努力学习。

（3）使其用正确之方法认真学习。

（六）成绩测验：每隔三星期测验一次，每次测验每人掷六次，以其最高之成绩为该次之成绩。

三、结果

附注：

(1) A 组—a 线，B 组—b 线，C 组—c 线

(2) 1. 未受测验前

2. 受测验后第一次

3. 第二次

4. 第三次

5. 第四次

(一) 受测验三星期后所得之测验成绩较原有之成绩退步甚多。

(二) 全部法进步始终最快（见图表），混合法次之，分段进步最慢。

未受测验前之成绩与测验后第一次成绩比较表		
组别	总　成　绩	
A	429	380
B	429	358
C	429	376
附注	未受测验前之成绩	测验后之第一次成绩

总成绩表				
0 / a	1	2	3	4
A	380	392	406	421
B	358	372.5	377.5	381.5
C	376	382.5	390	398
附注	A 组用全部法 B 组用分段法 C 组用递进分段法			

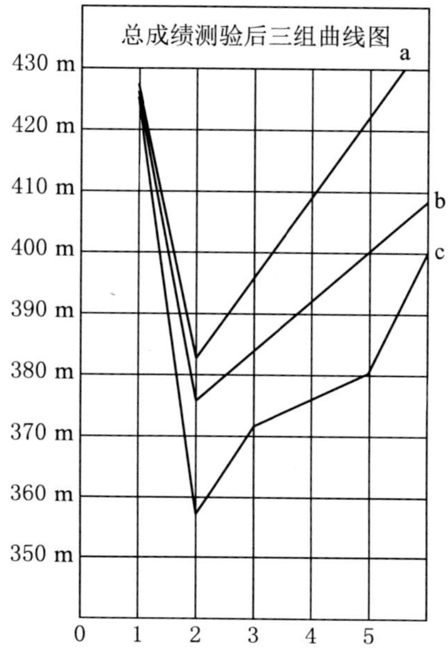

四、讨论

按个人教学之经验，觉各种运动项目不论长短皆有其前后连带之性质，今以撑竿跳高为例，则说明更可明显。譬如，撑竿跳高之预备跑十公尺及跑到跳高架之前，洞之感觉为刺激，将竿插入洞中即为反应，然插洞之动作又为悬垂在竿上而摆动之刺激、摆之反应，又为引体举腿之刺激，体引举腿固为反应，然又可为蹬腿转体之刺激，蹬腿转体固为反应，而又为弓身撑之刺激，故大肌肉运动中之每一小段动作，前半为反应，后半为刺激。掷标枪亦然，在末五步前之跑十余公尺中之末一步与末五步中之第一步，有刺激与反应之关系，而求五步中之末一步与掷出之动作，亦有刺激与反应之关系。若分开练习，其间刺激与反应间之联络中断，中断时间延长，身体姿势与四肢之各段均有差异之处，因田径运动之成绩与速度有直接关系，若中间有停顿，则前一动之速度取消无疑，则不合加速度之意义。若开始时分段，再将学成之各段连合成一气，则时间将消耗于两段间之连接之学习。时间即不经济，故同一学习期间内之进步，分段法不如全部法也。至于混合之方法，则进步居二者之间，因做混合法时，至少有多一段

作一气呵成之练习，第一段与第二或第三段间之联络，在混合分段练习中已练习成熟，故进步亦较纯粹分段为优。(注四)

五、结论

大肌肉活动之学习，其效能以全部法为最优，选进分段法次之，纯粹分段法为劣。此种结论似与 Pechstein 与 Barton 所做迷津之试验及 Gapalaswens 做之 Mirror-Drawing 试验之结论颇有出入之处，实则田赛运动根本与诸氏所做实验之性质不同，盖前者有物理上加速度等问题，即各段动作联结之纯熟与否，与成绩大有关系，分段愈多，各动作之联接愈难纯熟也。迷津等活动之对于速度虽亦有时间之关系，而速度问题决不有如是之严重。(注五)

(注一) D. K. Bcrace-Scaie of Measuring Motorability.

(注二) Roger, F. R.: Tests and Measurements-Program in thelredircction of Physical education.

(注三) McCloy, C., H.: Tests and measurements in Physical education.

(注四) 吴蕴瑞著《运动学》。

(注五) Psychologicae Bolletln 1927 pp.442—443.

(原载《中华体育》1945 年第 1 期)

排球转球的种类及其力学分析

排球发出后如带有回转的作用，可依其回转其方向，分为以下几种球：

一、飘球

什么叫飘球？通常发球员用上手发排球时，击球的力量如果能通过排球的中心(亦即排球的重心)，那就因地球引力的关系，球取抛物线的方向过网到对队的场内下落。所谓飘球，就是球发出之后，不循以上所说抛物线而下落，乃取比抛物线较高、较平的路线前进的一种发出的球(如图 1)。这种球从较高的空间飞过对队队员的头上，往往使接球员估计不足，以手指碰球，致球远落场后而出界，造成失败的结果。

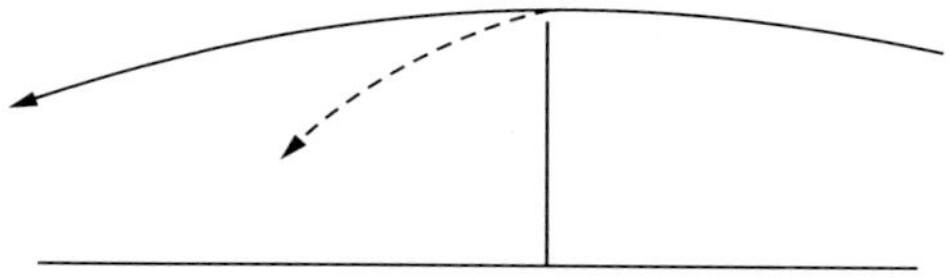

图 1　虚线是漂球走的路线

飘球的性质和力学的分析：飘球所以取上飘的路线，由于发球之时发球的力量不是通过球的中心，而是偏于球中心的稍下方，使球在前射的同时，起向后回转(从发球员方面看)的作用，这种作用就是使球产生上飘的现象的原因。要弄清其中的道理，需把以下两种流体运动的现象来说明：

(一) 水从部份粗细不匀的水管中过，产生压力不同现象。水在粗细均匀的水平水管中流过，一头的水压力大于另一头时，水就流向压力小的一头。假使一头的压力常保持相等，水管每个部份水流的速度和压力都是相等。但是水流过部份粗细不匀的水管中，情形就两样了。根据实验的结果，知道水流的速度通过管子膨大部份来得小，缩小部份来得大；反之，压力适相反，管子膨大部份来得大，缩小部份来得小。这是什么理由呢？因为水从管子缩小部份流到膨大部份，由于膨大部份的空间较大，速度自然的可以减慢，但是要使水流减慢，管子膨大部份必须压力较大。所以膨大部份水的压力较大。又水从膨大部份流到缩小部份时，由于后面的压力较大，推动了水的分子前进，因之速度加大，速度大了，流出容易，因之压力也就减小。总的说来，管子减小部份水流的速度大而压力小；管子缩大的部份水流的速度小而压力大。压力与速度处相反的地位（如图 2）。

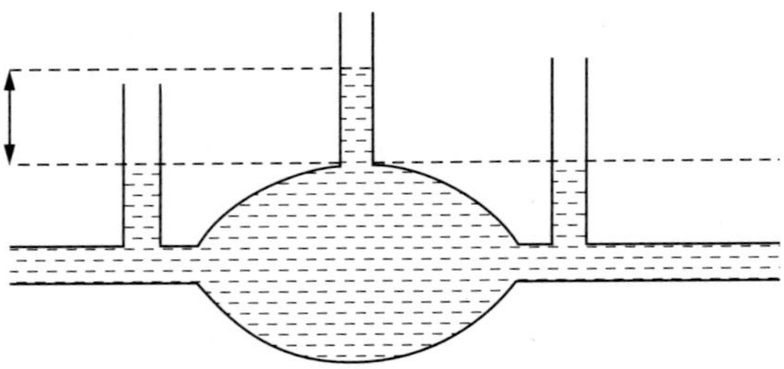

图 2　管子粗的部份水的压力大于小的部份

（二）空气流动的速度和压力也成相反的现象。空气流动时，流动的速度和压力的关系和水有同样的现象。流动的速度越大，空气的压力越小；反之，流动的速度越小，空气的压力越大。这个现象在发回转的排球的时候特别显著。现在就拿排球的飘球作为例子来说明。根据上面所讲的，飘球就是球发出之后，球向前上射的同时，球又向后回转(从发球员方面看)。假定当时球回转的轴近于水平，球在这样的部位前进，前面的空气对球流来(如图 3)，球前进的速度越大，空气对球流来的速度也越大。由于球同时在回转，也就带动了球周围的空气以同方向跟球一道流转。在球上面的空气流动的方向和前面流来的空气是同方向(如图 3)，所以在球的上面的空气流得快而压力小；反之，在球的下面球外围的空气流动的方向和前面流来的空气方向相反。因此速度抵消一部份而空气流动较慢压力就大。由于球下面的压力大、上面的压力小，所以产生使球上升的速度，同球水平前进的速度成合速度，而取较高的方向前进。结果使球取较高、较平的抛物线前进，这种发出的球就是飘球。

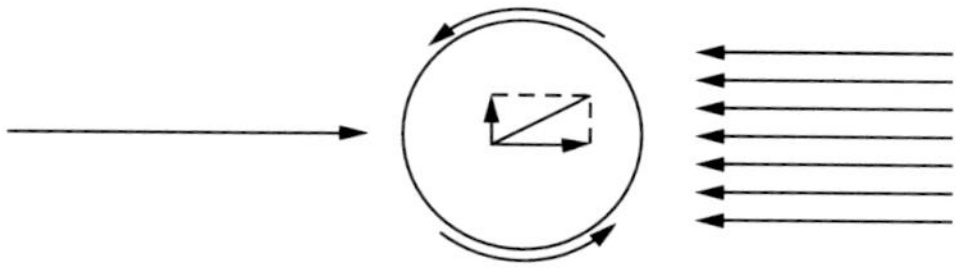

图 3　左边箭头是球走方向，球外箭头是球转方向，许多箭头是空气对球流方向

发飘球的方法及其应注意之点：发飘球时一般采用正面上手发球和侧面发球的方法。因为球发出之后，同时需有向后（从发球员方面看）回转的动作，而且回转轴近于水平。发球时手击球力量的中心需通过球中心的下方，使球向后回转，做这种动作，很可能比平常正面上手发球时减少一部份冲击的力量；如果采用手在较低部位的别种发球法，就易于使球能[illegible]。所以，一般说来，以正面上手发球时为宜。因为使球回转可能减少一小部份对球冲击的力量。所以发球时手的摆幅应注意较大为宜，以加大对球冲击的力量；另一方面，这种球可能易于出界（到球场底线后面去），应在训练中注意防止。

二、坠落球

什么叫坠落球？这种球也是由于球发出后带有回转动作而产生。不过发球力量的中心着球的部位和球回转的方向，以及球走抛物线的偏斜方向，恰恰和飘球相反。这就是说，论到手击球力量的中心，飘球偏于中心下方，坠落球偏于上方，球的回转方向，飘球是向前回转（回转轴近于水平，从发球员方面看），坠落球是向前回转（回转轴也近于水平），至于抛物线的倾斜度，飘球比原来（假定球不转的时候）为平，坠落球比原来为陡（看第 1 图和第 6 图）。

坠落球的力学分析：以上已讲到此种球发出之后带有向前回转的动作，球所带动的外围空气，在球上面和球前面迎球来的空气取相反的方向（如第四图)，因此速度抵消一部份。空气流动较慢而压力大，在球下面的空气和迎球来的空气是同方向。因此速度加大而压力小，压力上大下小，所以在球前进中产生推球下坠的力量，而下落较快。球走的抛物线较陡(第六图)而较为近网(因接球方面的网面)。

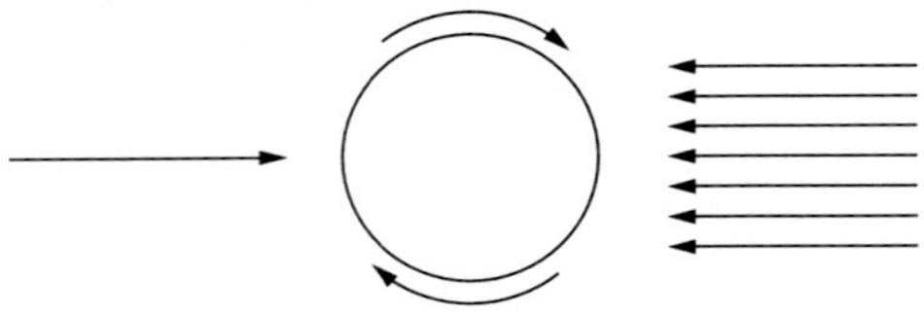

图 4　左边箭头是球走方向，球外箭头，是球转方向，许多箭头是空气对球流来的方向

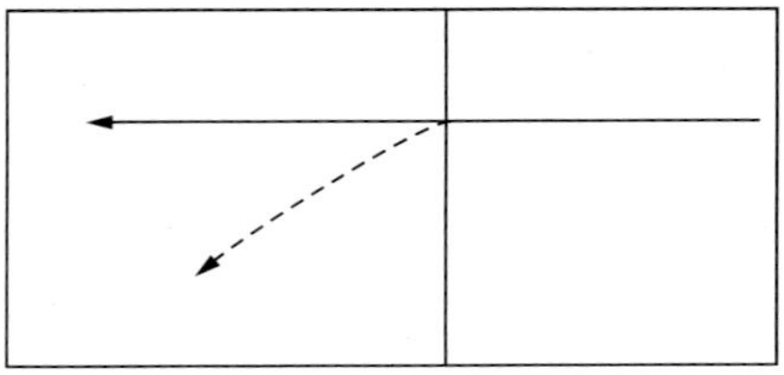

图 5　虚线左偏球走的方向

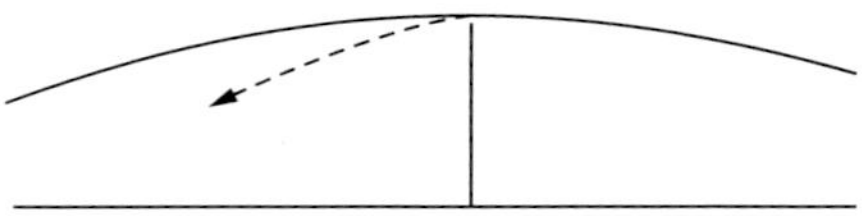

图 6　虚线是坠落球走的方向

发出这种球的方法，一般说来，采用下手发球和侧面发球来得比较方便而自然。上手正面发球时较为困难。不过这种球一经出手，就有向下坠的作用，手击球力量的中心离球的中心太远时，易使向前回转太多而击球向上的力量太小，使球易于触网。在侧面发时，尤宜注意。

三、左右偏球

什么叫左右偏球？球发出之后，球走的方向从矢状平面上看，比其原来(球不回转时的方面)的方向为向左或向右偏差的意思。

左右偏球的力学分析:左右偏球由于球发出后有旋转的动作,而它的转轴不像以上两种的取近于水平的方向,乃取垂直的方向。

要发左偏球,手击球力量的中心,需偏球中心的右方,使球向右旋转(发球员仰头看来依时针的方向),以同上的空气压力作用而使球向左偏向(如第五图)。右偏球和左偏球理由一样,不过击力量中心与球中心的关系,以及旋转的方向等和左偏相反。另一方面,用右手发这种球者(左手发球者例外),因上肢解剖上的关系以及肩关节活动范围等关系等,发这种球的还是不多,所以排球书上亦少论到。

以上所讲的飘球或坠落球,都指回转的轴近于水平方向而说。实际球发出时,回转的轴可能右倾或左倾,那就带有左偏或右偏的成分;另一方面,所谓左偏或右偏球,是指球回转的轴近于垂直的方向而说的。其实,球发出时回转的轴,可能偏左或偏右,那就带有上飘或下落的成分,而且以上各种回转的球所偏的方向也能随空气流动的方向而改变。其次,球发出后回转的角度,可依发球时手的动作的变化而有大小的不同。因此球的上飘或下落、左偏或右偏就有多少的不同的程度。

关于如何发好转球的问题,有的同志认为排球发出后带有旋转的作用,能令对方传接发生困难,甚之失误,那就有研究如何发得更好的必要。我很同意这意见,但是由于我缺乏实践经验,就在这里主观的提一点原则上建议,希望大家继续讨论和试验。

首先,发旋转球可能有两种方法:其一,是手接触球面的中心和球的中心错开的方法,使两中心间有相当的距离;其二,以上两中心相对,可是手掌去接触球之后,带有拨球的动作;其三,以上两法可能结合并用,则能使旋转更多。可是需防止勿因旋转太多而球发不过网。

其次,因发转球时,分去一部份力量使球旋转,就减少了促球前上进的力量。所以,非加大对球冲击的力量不可。因此,非加大手臂挥动摆幅的同时,也需注意适当的伸直肘关节,来加大对球冲击的力量。

又其次,手接触球后,拨球动作的多少,可能与球的位置和挥的方向有关系。具体究竟如何，希望大家加以试验作出结论。

最后，由于各种转球的使球走的方向有多多少少的改变，有的上飘，有的下垂，有的左偏或右偏，以及球去的方向有各种不同的改变，就可能使对队球员传球上发生多少不同的困难。不像寻常时间能随心所欲地把球要传到那里就到那里。例如飘球，就可能因球到面前的位置较所估计的为高，易于以手指碰球而致出界。坠落球因球到面前的位置较所估计的为远，易于在较低较前的位置传球，使继续传球发生困难。所以，能运用转球，也是提高技术的方法之一。

本人缺少排球方面的实地经验，可能有许多主观片面的地方，错误可能很多，请同志们加以指正。

（原载《上海体育学院学报》1959年第3期）

第十七届奥运会单杠规定动作的力学分析

第十七届奥运会单杠的规定动作，是由许多不同程度的高级动作组成的复杂的联合动作。为了使教练员和运动员明了各动作和各动作间的关键性问题，并易于获得良好的教练效果起见，作此初步的力学分析，以供教学教练中的参考。

一、从跳上成反握悬垂起摆到后摆上成手倒立（图 1）：在这动作的过程中，首先要用身体最大的重力矩和较大的势能以获得最大的摆势。当引体举腿向前上方送出时全身各部份要迅速向前上方伸直，而且要做到身体与地面所成的角度要近于 90°，来获得极大的摆势。为达到这目的，在把身体送出的同时，上体须尽量向后倒，并用力伸直两臂，使全身伸直以极大的摆角下摆（从开始下落到重心落到杠下所经过的角度要近于 180°）。

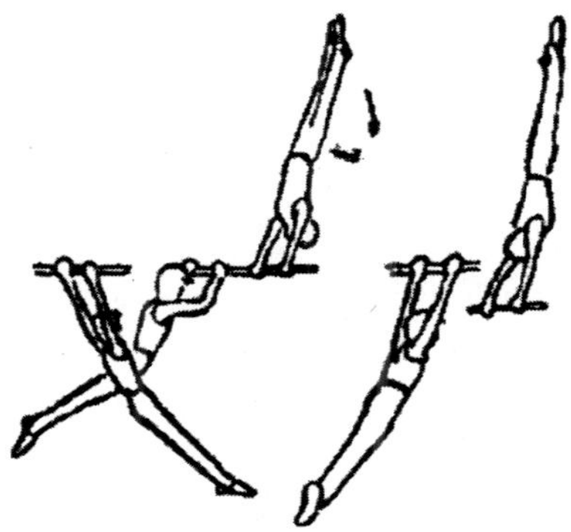

图 1

因为当时身体回转力量（由身体重力和单杠的反作用力所构成）中有向心分力，阻止身体的伸直，不让身体到最高最远的地方去，所以当时身体上的伸肌须保持适度的紧张来造成迅速伸直的姿势。起摆完毕后，身体应放松，同时握杠不要太紧，任其自然回转，当身体回转过杠下进入第三个四分之一周之后，由于回转力量起有离心的分力，它把身体外拉，此时引体的使肌肉群如屈肘、臂内收、肩胛骨内收诸肌肉，须保持适度的紧张来抵抗它，同时也为下一阶段用缩短身体半径以减小转动惯量来增加身体回转的角速度做准备。到第四个四分之一周的中途，一方面用含胸来增加上体回转的角速度，另一方面，增加伸臂诸肌的紧张力，来促使下肢后摆，以增大回转的角速度，使身体能急速的达到倒立的部位。

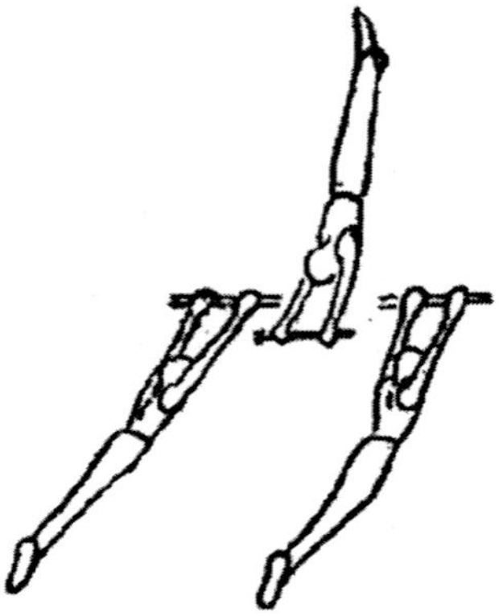

图 2

二、向前大回环一周，后摆上两手同时换正握(图 2)：反握倒立时，全身须完全伸直向前下倒，充分利用身体的最大回转力矩与最大的势能，以获得回转的力量，到摆过杠下垂直线后的动作和起振到后摆上相仿。不过到达第四个四分之一周摆势将近极点前刹那完成换握。换握过早，则易受离心的作用使动作失败；太迟了则受身体重力下拉的影响，也易遭到失败。总之，后摆上的动作需要摆到较高的部位才进行换握，否则动作幅度就受到影响。

三、腾身回环同时屈体摆越成后撑，后回环(图 3)：开始时腹要微收，两腿前摆，同时上体很快后倒，以获得极大摆势，否则回环之后难以达到过渡性的屈肩倒立的姿势。回环后至屈肩倒立之前，重心还在支撑点前面时，就作迅速屈体摆越的动作，这由于双腿由上而下的向下插入两臂中，可自然地利用双腿重力的作用，不费多大的力量，太迟则水平面上的空间缩小，两腿越杠较难，于是不得不将双腿由后向前的动作从稍后方穿腿，因此动作做得既不自然，又易遭失败。这个动作难度有两方面：其一，在于越杠时间的难于掌握；其二，双腿摆越的困难，因两臂的长度，远小于腿的长度，因此非将臀部提高和髋关节极度弯曲则不易完成直腿摆越。要臀部提高和髋关节能极度无屈，屈髋的肌群强烈收缩，将臀大肌、腿后肌(半腱肌)、半膜肌、肱二头肌拉长。因此平时须做辅助动作，来增加上述各个肌肉的长度来解决这个困难。双腿越杠之后，继续做后回环的动作，这时应注意身体总重心到杠子的距离，保持在较大的程度，同时身体从最高点落到杠下垂线时，身体应该折拢，然后顺势抬头、挺胸、双反腕上成后撑。

图 3

四、后倒脱腿弧形摆并向右转体 180°左手正握，向后弧形摆，以右臂为轴转体 180°成正握悬垂(图 4)：从后撑姿势开始须立即举腿，成直角支撑的姿势而后倒，同时髋关节极度弯曲，使身体各部份绕最大的弧度而回转，当臀部摆过杠下垂线后，立刻脱腿并迅速向前上方伸直，随即放开左手，向右转体 180°，成左手正握，右手反握的悬垂前摆。前摆到极点之前迅速做屈髋举腿的动作，顺回摆之势立即做向后弧形摆的穿腿的动作，穿腿动作要求将整个躯干均置向后上前送出，接着放左手，以右手为轴，向左转体 180°，以左手再握成正握悬垂。做这动作时应注意四点：

图 4

（一）穿腿后双腿应向后上方伸出，使身体重心尽量升高，当身体完全向后上方抛出后，才开始放开左手同时转体 180°成正握悬垂后摆；

（二）转体的时间应在向后弧形摆末了之时，趁其上摆之势而伸腿。若太早，则高度不够，致身体与地面的角度太小，不能利用重力作用得到大的摆势，就影响下一后摆上的摆势而致失败；若太迟，则动作受重力的影响，摆势削弱，也影响下一动作；

（三）送出方向须向后上方，使以下的后摆的摆势增大；

（四）伸直身体的同时松开左手。这动作做完后，身体要有起振那样的摆势，才能保证后摆动作有力。

图 5

五、后摆上接后回环成手倒立（图 5）：进行时应尽量利用最大的身体重力矩，来获得极大的摆势，达到后回环成倒立的部位。为了顺利完成后回环成手倒立动作，当后摆上两肩高过器械轴接近支撑时，两腿前摆屈髋含胸，同时上体迅速后倒，当两肩将过杠下垂线后，向上伸直髋关节，另一方面直臂翻腕上，成平倒立部位。

六、向后大回环（图 6）：开始时须将身体充分伸直，充分利用重力矩和势能来增大摆势，当身体过杠下垂线后用力踢腿，屈髋关节使身体总重心靠近旋转轴，缩短半径增加回环角速度，随即直臂翻腕上成立倒立部位。

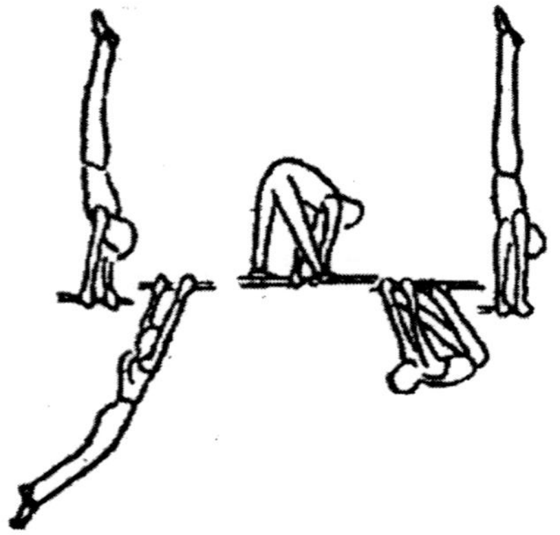

图 6

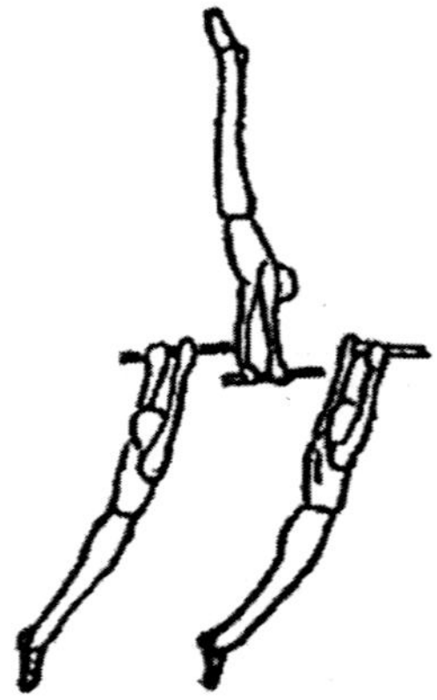

图 7

七、大摆翻上（技术有些问题）成分退屈体立撑，后回环成手倒立（图 7）：当全身挺直摆过杠下后片刻，髋关节迅速弯曲，角速度骤然加大，两腿立刻分开，迅速踏杠，成分腿屈体立撑，由于身体回转半径大大缩短，使回环的角速度增加。做这动作时，屈髋关节的动作不能太早，早则摆势减弱，影响立撑上杠的角速度，不能完成回环动作。要做好这动作平时须将腿后肌（半腱肌、半膜肌、肱四头肌）拉长；否则膝就无法伸直，而重力矩也就难以充分伸长。当后回环重心过杠下与杠接近水平时，两脚用力向后侧滑出，同时挺身，两腿用力向后上蹬伸，抬头翻腕成手倒立的姿势。

八、向后大回环右手在左手上交叉握（图 8）：在手倒立部位时，右手推杠，除重心向左侧移，接着完成右手在左手上交叉握，注意重心保持在两手之中间。

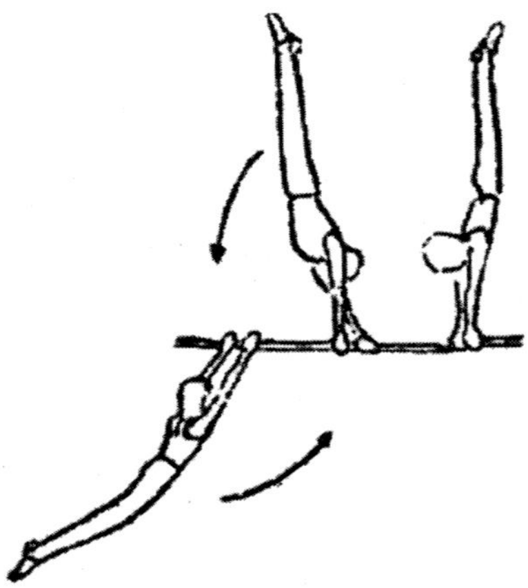

图 8

图 9

九、向后大回环加向右转体 180°，左手换成反握成手倒立（图 9）：由于这动作是左右手交叉握杠的情况下做的，因此，在身体前摆过杠下垂线前，运动员应有意识的做左手拉杠右手推杠，防其身体过早扭转，接着做踢腿弯屈髋关节使重心接近旋转轴缩短半径增加角速度，当回环到杠子水平面以上方向向右转 180°，左手指拉杠换反握，因为当时身体回转的离心力虽须不小，但是已为身体重力加速度的分速度的向心加速度抵消了一部份，所以左手脱手再反握不致发生危险或失败；反之，这个动作若在第三个四分之一周里做，左手脱手再握就有危险。因为当时身体的转动惯量的离心分力甚大，促使脱手不易再握。

图 10

十、左臂支撑向左挺身跳下成左侧向单杠的站立(图 10):从以上反握倒立的部位,推右手并向左转体四分之一挺身跳下,要这动作做得平衡而优美,右手推杠转体的同时,立刻抬头挺胸,同时上体须急向左前移动,使重心落到左手上,然后跳下。

(原载《上海体育学院学报》1960 年第 4 期)

（七）国外体育

美国格拉买孰公立学校体育组织大纲

本大纲为美国小学第七年级及第八年级所用之大纲，吾国高等科二年级及三年级程度与之相当，故以下大纲亦甚合用。

九　　月

一、游戏

1. 队球

2. 踢边球(参观游戏栏)

二、群众竞技

1. 竞走

2. 发队球(参观游戏)

3. 游泳

三、卫生教育

十　　月

一、游戏

1. 队球

2. 打击球(麦克乐所编游戏运动有规则可查,该本系杭州省教育会出版)

3. 团体游戏

二、群众竞技

1. 竞走

2. 发队球

3. 游泳

三、舞蹈(第七年第八年各有相当一种)

四、卫生教育

十 一 月

一、走步及体操

1. 第一课

2. 姿势试验(在本月第二星期)

二、游戏

1. 队球

2. 踢边球

3. 打击球

4. 团体游戏

三、群众竞技

1. 竞走

2. 发队球

3. 游泳

(注)各学校发队之分数至本月底结束

四、舞蹈(第七年级有一种,第八年级有两种)

五、卫生教育

十　二　月

一、走步与体操

1. 第二课

2. 姿势试验(在本月第二星期)

二、游戏

1. 底线球(参观游戏栏)

2. 角球(参观游戏栏)

3. 团体游戏

三、群众竞技

1. 游戏舞蹈

2. 韵律之步法

四、舞蹈(第七年有两种,第八年一种)

五、卫生教育

下　年　一　月

一、走步及体操

1. 第三第四课

2. 姿势试验

二、游戏

1. 队球

2. 底线球

3. 角球

4. 进步躲避球(游戏运动上载此规则)

5. 团体游戏

三、群众竞技

1. 游戏舞蹈

2. 韵律之步法

(注)各人游戏舞蹈分数至本月底结束

四、舞蹈(七年、八年各有一种)

五、卫生教育

二　月

一、走步及体操

1. 第五第六课

2. 姿势试验

二、游戏

1. 进步躲避球

2. 底线球

3. 底网掷球(规则见第二期)

4. 队球

5. 团体游戏

三、群众竞技

1. 篮球掷远

四、舞蹈(第七第八年各有一种)

五、卫生教育

三　月

一、走步及体操

1. 第七课

2. 姿势试验(在第二星期)分数至本月底结束

二、游泳

1. 练习上月之游戏

2. 垒球

三、群众竞技

1. 篮球掷远(分数至本月底结束)

四、舞蹈(第七年有两种,第八年有一种)

五、卫生教育

四　月

一、游戏

1. 垒球

二、群众竞技

1. 垒球掷远

2. 竞走

3. 游泳

三、舞蹈(第七第八年各有一种)

四、卫生教育

五月及六月

一、游戏

1. 垒球

二、群众竞技

1. 垒球掷远

2. 竞走

3. 游泳

三、卫生教育

（原载《体育季刊》1922 年第 1 卷第 1 期）

美德体育之近况及吾国体育今后之趋势

吾国近代体育，先法日本，继仿欧美。自改党国以来，有倡以国术代体育者，有倡以军事训练代体育者，甚有主张以工作代体育者。众说并起，莫衷一是。无深切之眼光、广大之见界者，往往见议论之新奇，取施行之便利，贸然改调。终因主张之不彻底，言论之无根据，施行无效。光阴、经济，均归虚掷，岂不可惜！故吾国今后之体育，究趋何途，急待解决。作者自愧，学识浅陋，见闻欠广，对此重大问题，非敢有所主张；不过据在美德两国之所见及平日之研究，作立言之基础，而与当代教育家及体育同志一谈耳。尚望有以指正之。

美国体育一源于瑞典，再源于德国，原无国粹之可言。瑞典体操目的在改正个人姿势，训练兵士资格，其方法单纯，目标极狭也。输入美国，面目未改，其不适于美国之国情也可知。十八世纪之初，德国杨氏，见强邻之压迫，民气之涣散，倡德国式体操，为号召青年之工具，团结同志之利器。初未尝有教育改正诸目的存乎其间。一八二五年间，输入美国，其方法、宗旨一承其旧。纵观瑞、德体育之在美国，宛若移植之花果，是否与新土之气候土质相宜，为近今美国体育界之重要问题。一八八七年间，继瑞、德体育而起者，为青年会体育，虽兼提倡运动，而方法材料尚有瑞、德体育之色彩。今之麻省春田大学，仍重用走步，柔软操及重器械体操，即其证也。数十年来，改变极少，教育当局，亦因循苟且，沿用成法，结果与儿童身体之发育无益，与学生之心理相违，致中大学生自动组织球队，经济独立，一切行政，不受学校管辖。今各大学之学校代表队，权尚操诸毕业生之手，良有以也。近今体育名家辈出，洞烛是弊，发而为文，鼓吹改进，其成绩之可见者约有数端。

一、体育程序之改变

美国体育程序，向用走步、柔软体操，游戏或器械操三段。今走步体操及器械上之呆板动作(如双杠、木马上支撑之动作)已废除不用，如加州、提曲劳欧诸城。在数年前，已采用自然程序，今关于自然程序书籍出版渐多，如，Wood之新体育(New physical education)，Hetherington之加州体育教授要目，皆为近时之杰作，各处学校争用之。不数年后，自然程序，将风行于全国。

二、体育学说之进步

体育为教育之一部份。他项教育、应用哲学、心理、社会学、统计等，以谋学说之进步，方法材料等之改良。体育亦应尔也。近今如F. R. Rogers，David Brace，麦克乐等应用统计，测定各种标准，制定体育之量表，儿童分组之标准，于斯大备。又如哥伦比亚大学师范院体育科主任韦廉士J. F. Wiliams根据桑代克心理、杜威哲学著体育原理一书，关于体育之目的方法取材等，均有高明之主张，可称当代杰作。作者会亲聆其教，聋振发聩，茅塞顿开，钦感之至。又纽约大学体育主任Hetherington根据心理学说，分析成人活动之种类，按儿童身心发育之状况，而教以各种活动，其方法更合科学而切实。作者亦亲聆其教，觉议论新鲜，思想卓绝，深堪钦佩。

三、励行卫生教育

欧战之中，美国加入战争。人民自由参加，事前检查体格，结果不及格者，有三分之一，知为不讲体育与卫生教育所致。休战以来，励行卫生教育，从三方面着手：

(一) 卫生指导：小学、初中注重卫生习惯之养成，高中兼重卫生知识之灌输。

(二) 卫生视察及检查：目的在发觉传染疾病及身体之弱点，以报告其家长，而行相当之治疗。

（三）卫生之料理：一校之中，至少有一医药室。以供校医及看护之使用。校医检查体格或诊视疾病，报告家庭，看护则只行肤浅之料理而已。美国推行以来，已达数年，早臻普及。

四、体育教师之训练改途

体育教员之养成，向在体育专门学校，如春田大学芝加哥青年会体育专门学校是也。十年来，各有名大学，如惠斯康新、哥伦比亚师范院、墨西根大学、纽约大学均有体育科之添设。其优点有三：

（一）学生入学程度、标准与他科等，在校有同等之学历，出校有同等之资格，其办事施教，可受同样之信仰。

（二）普通选修功课，如教育、生物、生理、哲学、心理、统计等，与他科学生得同受专家教授。

（三）体育科设于普通大学，学生得与一般大学生接触，他山之助，可资琢磨，眼光见界，品行态度，乃一体育教育家。非如体育专门学校之毕业生，乃类似运动家也。

德国旧式体育，始于杨氏，其起也出环境之压迫，已述于上。观其标语。一则曰健康与自由，再则曰和悦与诚意。其宗旨不专在健身，其主义太偏趋极端。及俾士麦之铁血主义起，则尤甚焉，偏重团体精神，藐视个人人格，视人民如机械，作帝王之工具。其体操莫非为训练兵士之方法，养成服从性之一种利器耳。结果因方法之不良，训练欠自动，身临战场，不能独立战斗，论者谓德国之败。此亦一因。此虽不免言之过甚，亦可见德国旧式体育，训练军国民尚不适用，遑论其他。

休战以来，德王退位，改建共和，尊王之观念去，民治之精神兴，旧有机械方法，自在必改之列。十年来，英、法之兵，仍驻德境，禁止军事训练，撤废一切战斗器械，德国竟成无战备之国家。然日耳曼民族，素称强悍，卧薪尝胆，复仇雪耻，存一般人民之脑际，教育当局深信体育有培养军事教育基础之功能，行大规模之提倡，以养成跑、跳、奔腾、攀高、越障之技能。凡一切教材，足以训练其技能，不论舶来、国粹，悉采而用之，德国之采用田径赛运动也以此。大战之中，男丁阵亡达数百万，女子之比例陡增，社会之分利者益加。德国教育当局，鉴以往之错误，提倡男女受同等之训练，进可以在战争之时，行后方之工作，退可以在升平之期，助营工商之发展，其政策加英、美而上之，德国近来体育之背景如是，至于其实际状况亦有足记者。

一、活动之改进

十年前吾国所用之德国式体操，在德国已完全废止，中小学纯用游戏、田径赛、球戏及器械操。夏天重游泳、划船，冬天重雪上运动，养成活泼骁勇之青年男女，与战前大相悬殊。

二、女子体育

女子体育与男子体育并重，且所用材料与男子相仿。作者参观柏林汝浜道普鲁士省立体育专门学校，见女生在运动场，亦着短袴背心，跳高、跳远、推铅球、投标枪、丢铁饼，无不与男子同。当时以为惟体育专门学校为然，后赴柏林城东某女子中学，观其一小时之顺序，为运动与跳舞。后者在体育馆举行，前者在外场练习。项目为跳高、推铅球，且跣足短袴，竟有甚于体育专门学校之学生者。可见德国女子体育之激进，实有出人意外者。

三、学校体育之设备与训练

德国学校体育设备，十分充足。在普鲁士省立体育专门学校，男女生近二百人。其运动场有撑高跳坑及跳远坑各五六个，跳高坑三所，标枪、铁饼、铅球在十数以上。分队练习时，至少两人合器具一件。其训练之集中，在美所未见。又参观堪倪书市立中学，其体育馆内之设备，有单杠六格，双杠八副，吊棍八个，吊环四副，垫子八个，垂直悬绳七条，跳板七块，跳高架六副，平梯四架，操之时，一班分为数对，各人皆可得极多之练习机会。就设备而论，吾国各中学宜急起直追，从事添加。作者又在绿林某市立中学，参观初中一小时之教授，见全体跑四百米，前后十分钟之久，继操器械操二十分钟，药球十分钟之久，平均四人合一种器械，两人合一运动器具。在此第二第三两节所做运动极多，较之美国之中学其运动量高出一倍而有余。以吾国之中学体育较之，则觉更有愧色。

四、体育界之热心著作

吾国体育界，出版寥寥，见美国体育界之热心研究，已有愧色。乃远观德国体育界上之著作能力，足有令人惊倒者。去年美国体育界出版书籍，不过十册，德国则大小有一百余册。出版界如此踊跃，一由于体育界上之热心研究；二由于书馆不重厚利，提携著作家；三由于人民程度增高，体育普及，要求增高；故能有此骇世之成绩。

综合德、美体育今昔之概况，可见方法趋于一途，理论带同色彩，所以然者，前由于人类天性相同，次由于人民之生活相似，所异者政治思想耳。然今德国亦由帝制改共和，思想亦将趋近。体育以此三原则为转移。三者既相类，体育亦自趋于一途。吾国体育命运，究竟如何？当亦由此三原质而断定。兹分论于下：

一、吾国民族对于游戏之天性

吾国民族，在羲皇时代，灭蚩尤，驱苗人，厕诸民族之间，可称活动；下至汉唐，民族依然强盛。是在上古中古时代人民，未尝好静也。后有专制皇帝，如朱洪武之辈，利用文字，消磨士气，数百年来，意气消沉，生气毫无。而眼光之短浅者，倡吾民族性好静之说。作者首不之信。试观小学儿童，课余之暇，集聚操场，非跑即跳，非运动即游戏，与以体操则拒绝，教以拳术则生厌，其所好尝与欧之儿童异。设吾国教育家及体育及体育家顺儿童之天性，投以所好，则所教之活动，必与欧美相仿。为便利计，即采用欧美之适合于吾国儿童之天性者而用之，亦无不可。广而言之，亚欧非美，人民之天性相似，其运动亦必趋于一途。换言之，一种活动，合于人类之天性者，不论黄白红黑棕皆可通用。大同政治，为期尚远，大同运动，近在眉睫。

二、吾国民族之生活

吾国向以农立国，人民营农业生活，若日后保守不改，则所谓欧美式之体育，在吾国永无生存余地。然海禁既开，沿海各埠，已趋工商化，甚至内地交通便利之大镇，亦有工厂之建设，实际上人民生活，将由农而趋为工商，况当此门户开放时代，经济之竞争益烈，外货充塞市场，易吾膏血而去。民专务农，不能立国，是社会受环境压迫，不得不化工商也。宝藏丰富，原料充足，正赖工以开发而制造，正待商以转徙而化居，是社会有生产之需要，不得不化工商业，社会而趋工商化矣。则日后所需要者，乃工商社会产生之体育，非农业时代之体育也。欧美最新之体育，为工商社会所产生，亦足以应吾国社会之要求，吾国将来之体育，必与欧美趋于一途也可知。远征诸东邻之日本，近征诸吾国沿海诸大埠，当益信鄙见之不谬也。

三、吾国政治思想

吾国最近之政治思想，三民主义，可以包括尽净。日后政治，完全实行三民主义。其与体育有关系者，莫如民族主义。盖欲民族主义实现，至少限度，须解除帝国主义之束缚。依总理之遗教，其道在团结全体人民。对症发药，实为救国之良方。然吾国人口号称四万万，实际半属女子，教育体育，多数未受，无团结之可言。既半数男子之中，体格健全者，恐不及三分之二，即能团结，力量亦微。故欲实行民族主义，宜采用游运动以养成团结力，并效德国普及男女体育，养成跑、跳、奔腾、攀高、越障之技能，以树军事教育之基础。凡一切敷衍青年之体育材料，不能助民族主义之实现者，皆在删除之列。

以上三原则，第一为人类之天性，由古代演进而来，非人力所能改变；第二为生活状况，受环境之支配，亦非人力所能挽回。二者均属自然的。第三随政治之情形国家之需要而定，含有人为之意味。专重第三原则，不顾第一第二原则者，德国战前之体育是也。专尚自然，不取政治影响者，古代希腊之体育是也。三者兼顾，德国近代之体育是也。吾国今后之体育，宜根据以上三原则而定方针。及帝国主义之束缚解除，世界共趋大同，然后体育可取纯粹之超然主义。以下尚有三附带问题，谅为读者心目中之疑问，敢答于下，以资讨论。

一、军事训练可否代体育

此问题在去年五月间，全教教育会议时，由作者在《国耻与体育》[①]一文中详细讨论。读者谅犹可回忆。夫体育自有其立足点，自有其目标，非军事训练所能代而达之也。即云吾国欲实现民族主义，重军事训练，亦须赖体育以养成基本技能。不闻美国人民入兵役之资格乎，其一关于技能者，须能越过八尺高之障碍物。试问此技能舍体育之外，用何法以养成之？可见体育与军事训练有密切之关系也。以军事教育代体育，不免舍本逐末矣。

二、国术可否代体育

国术之派别极多，其中最合生理、心理者，莫如太极拳，省肌力，节脑力，以静待动。在生理、心理方面均占优势，日后当发扬而广大之。然因其所达体育目的只占一部，以之为体育上之一种活动则可，以之代体育，则不免偏狭之弊。

三、工作可否代体育

以工作代体育，既能操练肌肉，又能助生产，一举两得，卒闻其说，觉甚经济。不知工作之时，幽闭厂中，运用一种器具，使用局部肌肉，疲劳发生，扰乱心绪，精神上最不痛快。在工商社会之中，往往多设运动场所、游散地点，诚以工作困人，藉体育有以调节之耳。工作与体育居相反地位，以工作代体育，其谬孰甚。

（原载《体育杂志》1929 年第 1 期）

---

① 此文已散佚，未收入全集。

瑞典式美国式及德国式体操最近之趋势

瑞典体操本解剖而编定有改正姿势之作用,今欧洲各国仍多用之,改变甚少。美国体操可分新旧两式,旧式为瑞典体操及旧式德国体操之变相,功用亦在改正姿势而兼有发达肌肉之作用。近十年来,美国各学校,甚少用之。新式为自然体操,系分析并模仿田径运动及球类运动而编成,所以操练各种运动之式样,做一种预备活动。美国近来采用者甚多。德国体操亦可分为新旧两式,旧式注重形式,发达肌肉,无改正姿势之功能,今已废除不用;德国新式体操亦按四肢躯干而编制,其目的在训练身体上各肌肉之放松、快速伸张及加强等,并放松各关节,作田径运动之基本训练。

对于三国体操之批评:瑞典体操功用在改正身体之姿势。然一班学生之中,须操改正操者为数不多(约百分之四十五),一方多数学生群集一场行普通的改正操,对多数不需改正操者为荒废时间,对少数需要改正操者则全无效果,故瑞典操不能作体育功课中之主要活动。美国之旧式体操,在现今体育上之地位,与瑞典操相仿,在美国之体育新式程序中已少采用。至于自然体操,系模仿田径赛及球类等运动而编成,寻常只能模仿其大概之形式,易蹈不切实际之弊,甚至养成不正确之姿势者有之,故教授时须极注意。德国旧式体操非根据生理及心理,无大价值。德国本国已绝少采用。至于新式之德国体操方法,则甚合科学原则,有采用之价值。教育部新编之体育教授细目中,多插入此种体操,然每次所占时间极短,因体操不论何种式子,只能作辅助运动也。

（编者按：此文乃吴君代本场答复泗阳县体育场田世和君而作）

（原载《体育研究与通讯》1934年第2卷第1期）

第十届远东运动会之回顾与前瞻

一、导言

远运会之成立,已十余年,前后共开会十次。吾国运动空气之趋浓,运动成绩之增高,此会推动之力居多。即日本今日运动成绩之能突飞猛进,睥睨远东,问鼎世界,亦未始非此会之赐。各会员国应如何爱而护之,使与宇宙同终始。乃日本包藏祸心,利用纯洁高尚之远运会,作世界承认伪国之阶梯。因吾国之不愿屈服,竟悍然以非法之手段解散之,背义灭信,令人发指。作者义愤填胸,无从发泄,爰作是篇,以明其经过,使读者触景而生奋勉之情,不因此会之解散而影响吾国之体育前途也。

二、远运会之历史

远东运动会始于一九一三年,即民国二年,由中日菲三国组成,当时之起因,由菲体育协进会会员德苏莱(William Tutherly)、克郎(Frank L. Crone)、勃郎(Elwood Brone)三氏之提倡,游说中日二国,联合组织远东体育协进会(Far Eastern Atheletic Association)为世界亚林比克委员会之辅助团体,于是年二月,值菲岛嘉年华会节,在菲马尼拉举行第一届远东运动会。时后每三年举行一次,其目的在求远东各国之友好,共谋国际体育事业之联络,确定远东所公认之运动成绩标准。当时勃郎氏之原定计划,有谋扩大会务之意,除邀请中日二国外,曾往马来亚新加坡暹京诸处游说,时因欧战未果。自一九卅年后,荷属印度及安南二单位,相继入会,并于九届大会后,会期改为每四年举行一次,于是遂具今日之规模。

三、历届大会之经过情形

(一) 一九一三年二月一日至六日,在菲马尼拉举行首届大会,三国选手计一百七十五人,以菲列滨选手为最多,我国次之,日本为最少。我国除棒球未有参加外,余均参加比赛。日本仅加入棒球网球田径三项。大会结束,菲得田径游泳网球篮球排球足球脚踏车七项锦标。我国亚军,日本殿军。此会之起,实为远东体育史上之新纪元,今日远东各国体育之蒸蒸日上,实赖于斯。

(二) 一九一五年五月十五日至二十二日,在我国上海举行第二届大会,我国出席选手百六十人,菲岛选手九十人,日本选手二十人。是届大会,我国经上届之挫折,历二年之准备,成绩斐然,一跃而执远东之牛耳。

(三) 一九一七年五月八日至十二日,在日本东京举行三届大会,我国参加选手八十三人。大会结果日为冠军,我国次之。

(四) 一九一九年五月十二日至十七日,又在菲马尼拉举行四届大会,事前日本要求延期,经菲体协会之反对,日本曾有退出远东之论调,继而自知理屈,终仍参加。结果菲岛得冠军,我国亚军,日为殿军。

(五) 一九二一年五月三十日至二月四日,又在我国上海举行五届大会,菲队保持冠军,我国仍居亚军。

(六) 一九二三年五月二十一日至二十六日,在日本大阪举行六届大会,日本一跃而名列前茅,造成各种远东新纪录。历届称雄之菲列滨,亦望尘莫及。我国除得足球锦标外,余竟全军覆没。

(七) 一九二五年五月十六日至二十二日,在菲马尼拉举行七届大会,日本因四百米之抗议,退出田径赛,其他各项运动,照旧参加。大会结果,菲岛得冠军,我国一蹶不振,依然如故。

(八) 一九二七年八月二十七日至九月五日,在上海举行八届大会,日本冠军,我国成绩尚佳,曾获历届所失之网球锦标,及足球排球二锦标,惟田径赛一项，一分未获。并于是年起会期改为每四年举行一次，避免世界运动会之冲突。

附：历届各项运动锦标及得分之统计表

届别 得国 项目	第一届	第二届	第三届	第四届	第五届	第六届	第七届	第八届	第九届	第十届
田径	1 菲 2 中 3 日本	1 中 2 菲 3 日	1 菲 2 日 3 中	1 菲岛 2 中国 3 日本	1 菲 2 中 3 日	1 日 2 菲 3 中	1 菲 2 日 3 中	1 日 2 菲 3 中	1 日 2 菲 3 中	径赛 1 日 2 菲 3 中 田赛 1 日 2 菲 3 中 4 荷
全能	无	无	无	无	无	无	无	1 日 2 菲 3 中	1 日 2 菲 3 中	1 日 2 菲 3 中 4 荷
足球	1 菲 2 中 3 无	1 中 2 菲 3 无	1 中国 2 菲岛 3 日本	1 中国 2 菲 3 无	1 中 2 菲 3 日	1 中 2 菲 3 日	1 中 2 菲 3 日	1 中 2 日 3 菲	1 中日 2 菲	1 中 2 日菲荷
排球	1 菲 2 中 3 无	1 中 2 菲 3 无	1 中国 2 菲列滨 3 日本	1 菲 2 中 3 无	1 中 2 菲 3 日	1 菲 2 中 3 日	1 菲 2 中 3 日	1 中 2 日 3 菲	1 中 2 菲 3 日	1 菲 2 中 3 日
篮球	1 菲 2 中 3 无	1 菲 2 中 3 无	1 菲 2 中 3 日	1 菲 2 中 3 无	1 中 2 菲 3 日	1 菲 2 中 3 日	1 菲 2 中 3 日	1 菲 2 中 3 日	1 菲 2 日 3 中	1 菲 2 中 3 日
网球	1 菲	1 日	1 日	1 日 菲	1 菲	1 日	1 日	1 中	1 日	
棒球	1 日 2 菲	1 菲 2 中 3 无	1 日 2 菲 3 无	1 菲	1 菲 2 日 3 中	1 菲 2 日 3 中	1 菲 2 日 3 中	1 日 2 中 3 菲	1 日 2 中 3 菲	1 菲 2 日 3 中
游泳	1 菲 2 中 3 无	1 中 2 日 3 菲	1 日 2 中菲合	1 菲 2 日 3 中	1 菲 2 日 3 中	1 日 2 菲 3 中	1 日 2 菲 3 中	1 菲 2 日 3 中	1 日 2 菲 3 中	1 日 2 菲 3 中
总锦标	1 菲 2 中	1 中 2 菲 3 日	1 日	1 菲	1 菲	1 日	1 菲	1 日	1 日	1 取销

（九）一九三零年五月二十日至三十一日又在日本东京举行九届大会。日为冠军，我国仅得排球锦标，历届所得锦标之足球，竟与日和局，田径赛只得一分，篮球赛两战俱败。并于是届起取消总锦标，设田赛径赛二锦标。田径赛中二百米低栏改为四百米跳栏，十二磅铅球改为十六磅铅球。

四、本届大会前之波折——反对伪组织参加问题

本届大会之前，日本体育协进会竟与伪国，提携拟令之参加大会，并向我国与菲岛建议，召开三国委员会，提出伪组织参加问题。我国当以东北四省现在暴日侵占之下，日人竟蔑视我国主权另组傀儡政府，我国在任何情势之下，亦不能承认伪组织之加入大会，全国朝野及海外侨胞均纷电反对。我体育协进会一再表示态度，坚决拒绝，日伪之阴谋遂不得逞。顾仍暗中活动，并派伪国体协会主事，谷保田理事茂木氏等，往东京访日外长，商讨进行办法，由体育问题，几牵入政治的意味。嗣后日体育协进会派早稻田大学教授山本氏游说中、菲二国，初次会晤我国体育协进会董事王正廷氏，征求伪国参加本届大会之意见，我国毅然拒绝，即转道菲岛会商松奎氏，决定四月九日，在沪召集三国常务会议。我国对于会议之要点，始终否认伪组织，不谈傀儡参加事宜，日本虽狡黠奸猾，欲一手尽掩天下人之耳目，我国亦誓不承认。当三国常委集会时，我国出席代表为沈嗣良郝更生曹云祥三人，日代表为山本松泽二人，菲代表为谈博士。当日会议，决定要案五项：

（一）通过荷属印度及安南三单位加入为会员。

（二）取消总锦标。

（三）更改女子表演为正式锦标，从下届大会起实行。

（四）聘请各国裁判员。

（五）增加足篮球队报名人数。

嗣后，日代表又提出伪组织参加问题，曲解大会会章，谓援九届印度参加表演之先例，当准伪组织加入表演。我代表痛加驳斥，日代表理穷词绌，捉襟见肘，只得无理取闹，提出大会延期之动议，以不参加为要挟。幸菲当局深明大

义，无论日本取任何之态度，大会之期，决不受其影响。故最后胜利，仍属我国。

五、本届远运会预选之经过

此次我国远运会各项预选规程，曾经全国体育协进会董事会议决定，并推定王正廷为总领队，沈嗣良郝更生等为代表，确定参加费用预算九万余元，由教部负责四万五千元，其余向各省市募集。

（一）田径队及全能运动预选，系由体育协进会订定各项成绩标准，由各省市选派代表预选，于四月十四十五二日在沪举行预选会，参加选手七十九人，预选结果，经选拔委员会之决定，刘长春张龄佳等二十九人当选。

（二）篮球预选以华北队为基本，其他球队之欲参加者，由各省市选送，当时参加预选者，计有南京湖北上海华北四队，在沪相继交锋，预选结果，决定唐保堃等十二人。

（三）足球预选以广东香港上海三队为基本，曾在香港一度预选，由选拔委员之决定李惠堂等十七人。

（四）排球队未举行预选，由体协会指定粤港沪杭各选择优秀人才，当经选拔委员会决定，男子选手陈锡炳等十二人，女子选手黄杏芬等十六人。

（五）棒球代表上届由檀香山华侨出席，本届华侨不能出席，由体协会选拔委员指定伍舜德等十六人。

（六）游泳预选体协会指定香港体协会办理，并订定各项及格标准，四月十八日在港举行预选，结果决定男子选手陈其松等九人，女子选手杨秀琼等四人。

（七）网球选手由体协会指定林宝华邱飞海许承基三人，林宝华因其夫人关系退出，由星洲林望苏代表。女子选手除指定王春箐王春葳二人外，另行在沪举行预选，结果决定增加刘玉兰黄淑懿二人。

六、本届大会我国各项竞赛情形

我国选手在本月三日由沪搭麦金兰总统号南下赴菲，华南选手由香港上船，一行选手共计百五十六名，于八日晨安抵马尼拉。各国选手于一周前先后抵菲，远东健儿，济济一堂，战云弥漫。十二日午后大会正式开幕。该会各项体育建筑设备甚为完全，为本届大会生色不少。比赛项目、计分田径赛、全能运动、足球、篮球排球网球棒球游泳九种正式锦标。兹将我国各项比赛经过情形略述于下：

（一）足球

本届足球赛参加者，计有中、日、菲、荷四单位。比赛制度采单循环制，每队互相交锋一次。计分方法，胜者二分，和者一分，负者零分，得分最多者为锦标。如遇比赛和局，延长十五分钟，如再和局，平分锦标。我国足球在远东史曾拥有锦标七年，回头看上届比赛，竟成中日和局。此次出席代表人才济济，实力雄厚，初战菲队，以二对零克菲队；次战荷属印度，荷队实力不弱（曾以七比一击败日本），故是赛为本届足球战中之重要关键，开远东史上未有之激战，我卒以二比零大胜荷队；最后与日本决赛，以四比三再克日队，遂又夺得足球锦标。

（二）篮球

本届篮球赛，计有中、日、菲三队。比赛制度采双循环制，以百分数计算优胜。中日菲三队实力不相上下，菲队篮球本为历届之锦标，攻守互长，临阵应变迅速，固非他队所及；我队初赛胜日，次赛菲队因雨重赛；再赛日本，以一分之差再克日队；最后与菲队决赛，功亏一篑，败于菲队，锦标为菲队所得。

（三）排球

本届排球赛参加者，计有中日菲三队。比赛制度采双循环制。我队实力不弱，初赛中败于菲，二克日本，二次循环中，初败于日，再胜菲队，三队成为鼎足之势，惟因菲百分数较多，锦标为菲队所得。

（四）网球

本届网球赛，计有中日菲荷四单位，比赛制度采台维司杯制，分单打四组，双打一组，单打选手二人，每组五盘三胜。我国此次选手，实力欠佳，单打中除许承基一盘外，余皆毫无建树。

（五）棒球

本届棒球赛计有中日菲三单位。比赛制度采双循环制。我国对于棒球一项，素不注意，历届参加者都由菲侨代表，即于去年我国全运会时参加棒球赛者，仅北平广东等七队，成绩平平。本届大会中，我队仍居殿军。今后对于棒球一项，宜多多提倡。

（六）田径赛及全能运动

此次我国参加田径赛中，径赛零分，田赛七分。从各国实力观察，我国之田径及全能之成绩较之他国，相去尚远。以百米而论，日菲选手都有十秒六以上之纪录，无怪我国刘长春在短跑预选时，名落孙山。田赛中以三级跳而论，日本选手之纪录，都在十五米以上，即菲选手亦在十四米五十以上。我国上届大会得分之司徒光，最高成绩亦仅十四米一九，相形之下，足见日菲二国之田径成绩猛进。我国处处落后，是诚宜急起直追，共谋发展，始能在将来世界竞技场，一显身手，得一相当地位。

（七）游泳

游泳一项，我国尚在幼稚时期，此次大会，我国陈其松本得一分，但以后忽被取消。女子游泳为表演性质，中菲二国对抗，杨女士连获三项第一固位不可多得，惟与日本参加世界运动会之女子游泳代表前畑秀子等，比较之下，则相差尚远。

七、执委会最后决裂，远运会宣告寿终

本月十九日，菲召开执行委员会，日方事前已有密谋对策，并以退出大会为要挟，会议时提出修改会章，对于伪组织参加事，无处不用其阴谋。当时我代表痛加驳斥，坚持反对。事后菲方代表，态度突变，与日方狼狈为奸，非法集议。日代表宣告解散远东体育协进会，另组东亚业余体育协进会，而历二十年来之远东大会，竟为日方之阴谋与菲方之盲从而宣告寿终。夫远东之组织，本为联合各国之友谊，共促体育之发达。此次日方企图修改会章与协会成立之初志，多有违反。此种荒谬议案，我国实难承认。故此次远东体育协会之解散，其责自应由日方负之。

八、结论

（一）对于此次筹备之批评

我国无论何事都不能未雨绸缪，临渴掘井，自不免落人之后。而他国之选手，已有长期之训练，如日本选手在去岁，明治神宫体育大会已大致确定，菲岛则早在四月前，已有选拔。反观我国选手，田径选手于四月中旬开始预选，其他球队在四月下旬确定，排球、棒球选手，东拼西凑，会期既迫，未得充分练习。夫球队组织之要点，贵在联络，此次各项球类之败北，此其一因也。

（二）今后之教训

本届大会历十日之久，业已闭幕。我国于九项锦标仅得其一，虽竞赛上之有胜负，原为提高体育兴趣之手段，一国体育之真精神，固非少数选手在国际竞技场上所能表而出之。然从大体而论，检讨他国之充分准备，当局之提倡，技术上之进步，相形之下，可以知我国之体育落伍。推其原因，不外教育不普及，体育事业未能充分发展，缺乏良好环境，与指导人才诸端。日本之社会体育事业，全国业余体育团体之多，约在八百有余，全国体育会员，达十四万以上，由此可知彼邦之体育如何演进。而我国之体育团体，除上海天津北平广东等处稍有组织，其他则寥若晨星。故今后我国体育之改进，需从普及体育做起，培养干部人才，注意中小学之体育训练，则我国体育之前途始有期望也。

（原载《时事月报》1934年第1—6期）

一九三六年之世界运动会会场概况

世界有名首都柏林之西郊，地市高亢，林木蓊蔚，即绿林（Grunewald）也。地处柏林城西郊与哈佛尔河之间，芳草如茵，松杉挺秀，风景绝佳。一九三六年之世界运动场即厕其间。场原名国家竞技运动场（Reichosport），世界运动会之田径场即居其中央。会场之地位，当以此为最适当。自城市中心之来场者。取道菩提楼下街（Unterdielinden）经孛郎登堡门、动物园与夏罗登堡。此道终在希特勒场之后，与希阿路相会。过九英里之遥，经兑盘立芝（Doeberitz），他日之世界运动会村（Olympische Dorf）将建于此。由希阿路前进，有道（现名跑道街，后将改为竞赛道街）分歧横断市火车轨道，直至田径场看台之南端，凡各国之代表、新闻之记者将咸集于此。虽然主要入场之路，当有他道焉。即以上道经希特勒场之右后，取道黑堡路（Schwarzburgallee）（此后改名运动场路），渡汉堡线之铁路桥，直接达田径场之东门。主要之汽车将取此道。故东门之外，有广大之停车处，同时希河路须有公共汽车作交通之工作。

柏林城中之通场火车，主要为市火车。车站上有五月台，园之下方可以按见。车之从动物园区来者，不过一刻钟，可谓迅速之至。此外当有地下车，由黑堡街透出地面（在图之右方），亦通运动场，有月台二。

德国国家运动场内，包各种运动场地，但行政系统上，属一单位，事权统一，各种运动有均等训练之机会。

德国国立运动场，面积共一百十五德亩二（合一百十五万二千方公尺）。基地伟大在德可称空前。四周为跑马道，以后将实行开放，其中为运动场，合成一

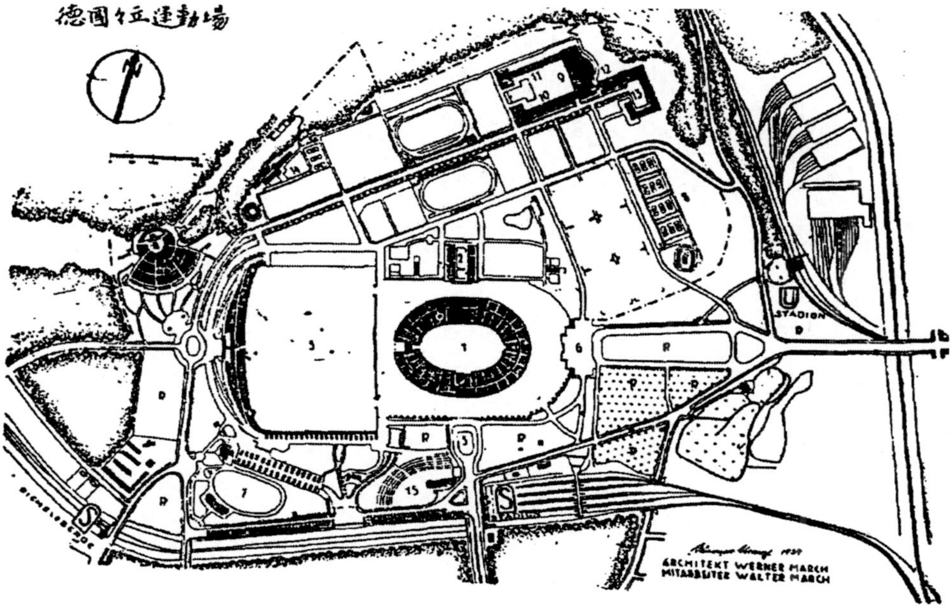

1. 世界运动会田径场
2. 游泳比赛场
3. 集会场
4. 露天戏院
5. 南大门
6. 东大门
7. 马术场
8. 网球场
9. 办公厅
10. 体育馆
11. 室内游泳池
12. 体操学校
13. 男子宿舍
14. 女子宿舍
15. 主要餐馆

P. 花园
S. 市火车站
U. 地下车站

局，新式之运动园，从此成立。田径运动场占全局之中央而稍东偏，坐位可容十万人，半为低座，在下方，半为高座，在上部。与西集会场在焉，可容二十五万人，附有圆形有屋面之墙，高可二十公尺。其北建有游泳池，长五十公尺，池之两边，建有二屋面看台可容一万人。池北有巨大之游水塘，供不正式游泳练习之用。其西南建有骑马比赛场。其东有机器脚踏车道。一周为三百三十三公尺三，四周有屋面看台，可容一万五千人。再北建有网球决赛场，可容一万人。此外，尚有网球场，十室内网球场一，在以上两种比赛与游水塘之间。在全局之西北角，有露天舞台，可容两万人，作表演音乐之用。

德国竞技运动场东端之建筑，为体育建筑与设备全部之中心，永占体育事业中重要之地位。德国全国体育组织之大本营，即设于是，所以统制全国各种体育组织也。

此外，德国国立运动场之足记者，尚有两端。其一，即此场之各种建筑均足表示国际间之伟大理想，正与世界运动会之理想影响一国之体育生活同。其二，此场名义上虽为世界运动会，而建筑实则为德国提倡民众体育而为之。落成之后，将公诸柏林全市民众，不论网球场、游水塘皆可自由利用，较吾国中央体育场之终岁封闭，不令人越雷池一步者，用意之善，可以道理计哉。

（原载《体育季刊》1935 年第 1 卷第 1 期）

世界运动会各国准备参加之消息

自德国邀请各国准备参加一九三六年在柏林之世界运动会之后，未及半年，本年四月中，已有二十国决定参加。参加各国分布四大洲，兹分举于下：

一、澳大利亚

英国为其祖国，与英为联邦，运动业已发达。下次之世界运动会将派拳术、网球及机器脚踏车等头等代表到会。该地民众受日本成绩进步之刺激，游泳之兴味极高，且极发达。在澳大利亚洗浴与游泳为日常生活之一部份。大半城市，濒临海滨，一年之中，三百四十二日在青天烈日之下。游泳为该地极合宜之活动。自上届麓山矶世界运动会游泳比赛成功之后，在大城市之中，如 Sydney 及 Melboune 有热闹之运动场建筑计划，陆续开始实现。在上届世界运动会中，共得五种胜利，即女子二百公尺蛙式第一名，一千五百公尺第四名。他种项目亦有地位，如机器脚踏车第一名，角力第三名等是也。澳大利亚运动之潮流既如是膨胀，足使世界运动会有长足之进步，同时又足使提倡运动之国家得以振作精神。

二、亚洲

（一）印度：本年印度全国运动比赛团体，接受印度世界运动委员会所发之邀请函。曲棍球仍将为本届之一项，印度将参加之。同时他种运动，印度亦将派最优良之代表参加。

（二）菲列滨：远东民族提倡运动，不遗余力，近年以青年当国之国家如菲列滨进步为尤速。迩来菲列滨参加近代之世界运动会，有能力之运动员，在国际间已树有声名。忆得菲列滨代表在麓山矶第十次世界运动会之成绩，颇有足称者。Toribio 跳高得第三名，与第一名同达一公尺九七（六呎五吋八分之五）之高度。人们若考察多岛之国的青年竞技运动潮流，同时可以知菲列滨游泳之成绩增高，威胁日本。T. yede-fongo 得二百公尺蛙式游泳第三名，超过其同国人之第五名 Adjaloddin 氏；菲列滨对于拳术，亦有四受训练之人参加，而 Jose U. Hanueva 在一百十二至一百十八磅一组中得第三之位置。现在菲列滨之预备赴会，有数种目的：一，在一九三六年在柏林比赛得相当成绩；二，在下届远东运动会露头角；三，在照柏林所发生之事件，在岛上先作竞技之表演。

三、美洲

（一）阿根廷：阿根廷人民为南美洲爱运动之民族，对于体育有特殊的建树。阿根廷政府定有竞技运动之程序，竞技运动已成为各人民生活之习惯，阿根廷人对于各项运动成绩之高，可以从一九三二年美国麓山矶第十次世界运动会证明。一九二八年，在荷兰阿姆斯脱屯举行之第九次世界运动会，阿根廷对田径运动始得地位。第十次世界运动会中，路齐（Lutti）二百公尺得第四，达世界运动会之纪录，竟与黑人杜兰为劲敌。余如 Pina 及 Berra 在阿国短跑项目中为有名之能手。

游泳及水上竞技运动，为阿根廷人竞技运动中之最强之一种，一九三六年将再露头角。对于拳术一项，该国当有继续在胜利之列之光景。足球亦颇不恶，在各国中亦可为劲旅，惟尚未臻相当强之程度，殊不足以为他国之威胁。人们若该国竞技运动情形略考一遍，以及有名之训练员略观一遍，则觉阿根廷定在一九三六年世界运动会中殊可抱乐观也。

（二）墨西哥：在第十次世界运动会，墨西哥代表亦在麓山矶参加，有许多比赛足得胜的。现在该国已先头从事整备，一九三六年得以出席。下届墨西哥之主要劲旅在何种，现在尚不能预知。惟在上一次世界运动会中，射击拳术器械运动及游泳则得有地位。以政府将颁法定之普及体育规程，未来之墨西哥参考世界运动会队，将由此养成之。

四、欧洲

（一）游阁斯拉夫(Jugoslavija)：近年来巴尔干诸邦，有体育的理想，见诸有力的实施。游阁斯拉夫为其台柱。政府由竞技运动部(Sportininisterum)促进民众身体精神之能力。游阁斯拉夫为允许参加世界运动大会之第一国，因此以后得继续世界运动之风气。

一九三二年，该国内政有妨碍有力代表出席美国之倾向。然而该国人民具有真实的世界运动会之理想，率派其代表至美。现在所有关于此问题，事前可以见其一九二八年在世界运动会之奋斗结果，可以在一九三六年后见。如S. Stukly及J. Primocic在国际间器械运动比赛，大露头角。游阁斯拉夫既有如是参加世界运动会之经验，其对于第十一届世界运动会，定有圆满之结果。

（二）丹麦：列国之允参加柏林之世界运动会者，丹麦亦预焉。由此可知，其为熟悉世界运动会精神之国家，且对于体育事业在欧洲极有破天荒之贡献者。丹麦人及早了解有规律之体育训练之价值，学校之以体操为正课者，丹麦为欧洲第一之国家，近来身心平均发达之说，实为丹麦式体操适合于其国民性之根据。他种竞技运动范围之项目，目前可证实亦有良好之成功。

一九二八年，第九次世界运动会在荷兰首都阿姆斯脱屯举行，该国参加十四项运动项目。在脚踏车一项，H. Hansen氏得金牌，驶船Daenen氏得银牌。一九三二年，在麓山矶世界运动会继续其固有成绩之名次。其全体参加者奋斗之结果，在四十参加之国中，列前二十名之内。举重、脚踏车及角力，均得第二，游泳及拳术列第三位。一九三六年第十一次世界运动会，丹麦亦参加锦标比赛。凭其以往之成绩推测，将为各国之劲敌云。

（三）欧斯兰(Estland)：欧斯兰亦已允参加第十一次世界运动会。该国土地偏小，人口不过一千五百万，然对于各种运动多有相当程度，与芬兰有同样之多，实堪惊人。欧斯兰国运动之促进，由中央体育视察员负责。人民所普遍练习者，主要为重竞技(Schwerathlelik)。如 Hackenschmidt 氏及 Lurich 氏，对于举重及角力世界闻名，在其项目之内，久已为国增光。除参加世界运动之外，该国养成运动好手不少，故于一九一二年斯岛克霍姆世界运动会，得角力第二，一九二〇年及一九二四年两次世界运动会，送特别强而有力之重竞技运动代表团。一九三二年，送一马拉松代表至麓山矶并参加五十公里走。在他种运动项目，如轻竞技(Leichtathletik)，欧斯兰好手在国际间亦有声望，如标枪名手 Sule 氏，十项运动 Raehns 氏是也。欧斯兰之运动艺术之广，可以在柏林第十一届世界运动会表示。

(四) 波兰：波兰国之对于运动，不但特别的成国民活动，并经政府有力之推进，成为教育的工具，有极好之组织，不逾卫生之正轨。一九三六年之世界运动会为期不远，波兰人知所以利用之，使全国得推行运动之机会。德国现向全国征求未闻名之运动员，波兰亦然。世界运动会委员最近亦决定向全国征求参加世界运动会人员，欲达此目的，须有远征队之成立，及重要之运动器具之准备，于是由整个的计划。至于小城市遍地游历及探索，同时又须特派运动教练员，行教练之工作，终则又须提高中学与大学之运动趣味。

瓦萨世界运动会委员会(Waschan Olympische Komitee)通知柏林组织委员会，谓波兰代表队将由七十至一百人组织之。比赛项目将参加以下诸项目：田径运动、划船、击剑、拳术、角力、举重、骑马、流雪、冰上曲棍球及溜冰。于可能时足球亦将加入。

吾人闻委员长大佐 Klabisz 氏及秘书 W. Forys 之言曰：柏林世界运动会将在理想的空气中举行之，为高尚理想之新式伟大之争。是言也，实有可信之价值。

(五) 荷兰：该国之预备世界运动会委员会已于一九三四年五月十一日组成，预期送远征队一百八十人至一九三六年之世界运动会，因此荷兰国郝文氏(Houen 氏系一九二八年在阿姆斯脱屯举行之第九次世界运动会中之《世界运动会报》主笔)送以下之消息至德，谓“荷兰对于历来之世界运动会的热心参加，在此历届会中，国难偏小而成功则至多(自谦而又自夸之说法)。在一九二八年阿姆斯脱屯及一九三二麓山矶之世界运动会中，得数种锦标及数种特别奖励。柏林世界运动会将派优良之代表参加，为远征队去年在柏林已设付款局，直至一九三六年亦够应用，无他，欲使代表不辱国命也。吾国曲棍球队与大陆诸国比赛，最近为德国队所挫败，但希在世界运动会中作一光荣之挣扎。关于女子游泳员，则有 Wilhelmintje 为第一；骑马，则有 Palmd de Morta Gnes 曾在一九二八及一九三二两次得胜，尚在继续训练之中，余如驶船、田径、角力、拳术、划船、击剑、足球队多有代表。荷国可以说各种项目多加入比赛。现在吾人已设法从事准备，尤其在一九三五年为第十一次在柏林之世界运动会将举行整旅一次。"

（六）加拿大：加拿大总统 P. J. Mulqueen 氏留麓山矶甚久。回国之后，一人首倡参加并决定组织加拿大参加世界运动会委员会已由该会秘书 Crocker 氏通柏林筹备委员会。

加拿大在此极长之运动世界中，所知者仅冰上曲棍球一游戏耳。因气候合适之关系，该球戏将成为国民游戏。但值得可惊者，即在一九二八年，在阿姆斯脱屯世界运动会中，加拿大代表着白色制服上饰火红色之佩叶，田径运动有惊人之成绩。Williams 氏对于两种短距离项目（一百公尺及二百公尺）均得胜，惊醒运动世界。在女子项目中，加拿大女子对两种项目得胜，在麓山矶世界运动会中，该单位竟能将在一九二八年之奋斗结果，保留在中距离四百公尺及八百公尺。Alxander Wilson 保存极好之等第。一千五百公尺 Plilipp Edwards 得第三。跳高一项 D. McNau Ghton 争得金牌。伊在南加州读书，并未入加拿大队伍。其最尖锐化之竞争为与加州教员 Osdel 氏。氏新从刺枪比赛下场，终失败。至于女子项目，Strike 得一百公尺银牌、四百公尺接力跑得第二。其余如游泳、驶船及拳术，多得相当之等第，可见加拿大女子之多艺。总之，加拿大在运动范围之内，负相当责任，对于一九三六年之世界运动会，将起而努力，得新效果。

（原载《体育季刊》1935 年第 1 期）

（八）体育场地

跑道之形式及其计算方法

跑道为公共体育场及学校体育之重要设备，寻常之长度为四百米，至小不能少于三百米，至大不得过六百米。其间之空地，最好能容 70 米×105 米之足球场，在球场之两端与跑道之间，建东西向之跳远跑道（宽一·五米）及跳高、撑高跳等沙坑。在足球场之他端，则作掷铁饼、推铅球及标枪之所（如图一）。或在跑道之中含 100 米×65 米之足球场，在场之两端，建撑高跳、跳高等坑及掷重之所。而在跑道之右侧，建跳远跑道及沙坑。如德国国立体育专门学校之运动场，可谓最经济之计划（如图二）。

跑道之形式有正常式与变通式两种。视地位情形而异，分述于下。

一、正常式

其两端之曲线成钝半圆形，各经一百八十度。两角之曲线为半径二十四米，画六十度之圆弧，顶端之圆弧为半径四十八米，画六十度之圆弧（如图一二）。量跑道之长短，须从跑道内边外三十糎之处量之，至四百米而至，其长度之计算如下：

（一）角上之曲线，为半径二十四米各动六分之一周（或六十度）之圆弧，全体有四角，故全体为 4×1/6＝4/6 周。因之四角之长度为 4/6×2×24.30×3.14＝101.736（米）。

（二）跑道两端顶之曲线，为半径四十八米各动六分之一周（或六十度）之圆弧，为全圆之 2×1/6＝1/3 周，其长度共为 2/6×2×24.30×31.4＝101.108（米），

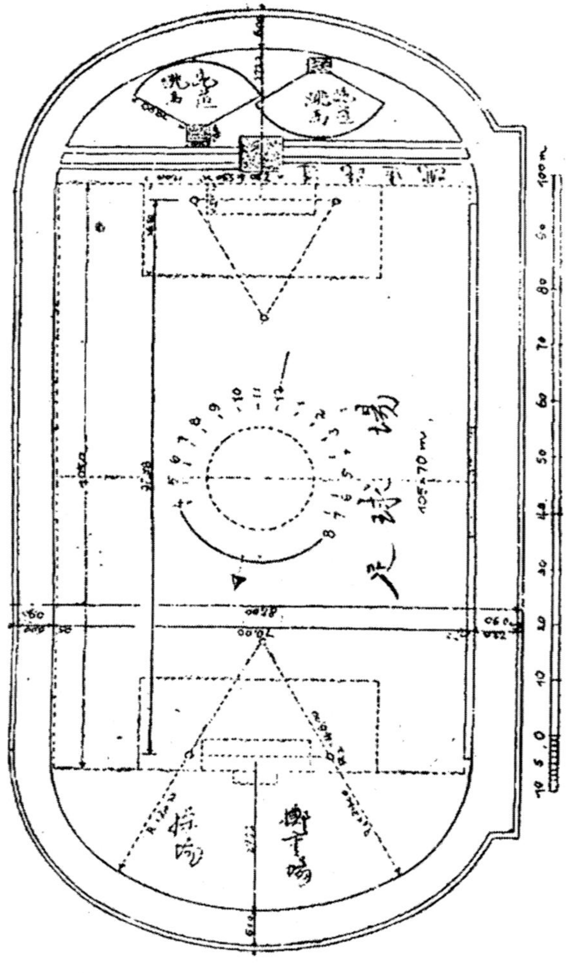

第一图　德国地姆博士计划之正常式跑道

两端圆弧所有之曲线＝202.84(米)。

(三) 若跑道之总长为四百米，则两端圆弧间之两直径各为(400－202.84)/2＝197.16/2＝98.58(米)。跑道之宽，至少为四・八〇米。普通为六米，而划分为五人之跑道。在短程赛跑跑道宜靠近终点之一边。阔须七・二米分六跑道，其长至少一二五米。一百十米高栏亦可用此短程跑道举行，其终点之后须余十米。起跑之前亦至少留数米以为起跑时之余地，最好全长为一三〇米，则两端余地可更多。

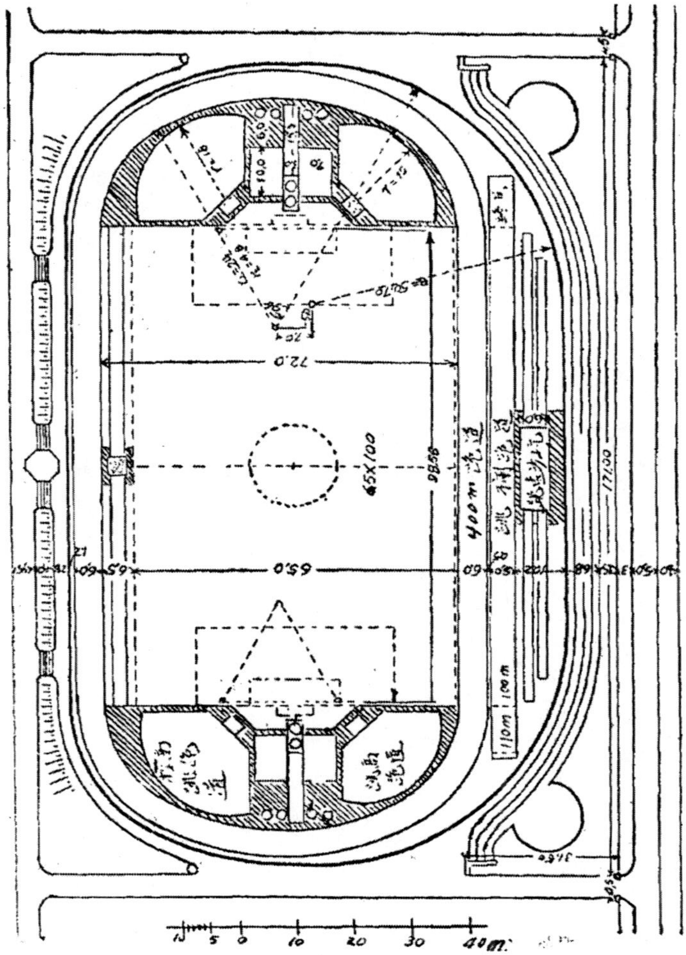

第二图　德国体育专门学校运动场之计划

二、变通式

(一) 两端为半圆形

此半圆由一种半径画成(如第三图半径为三十三米)

1. 两端圆弧之长为 2×33.00×3.14 = 209.124(米)

2. 若跑道之总长为四百米,则两端圆弧间之直径各为(400 - 209.12)/2 = 95.44(米)。

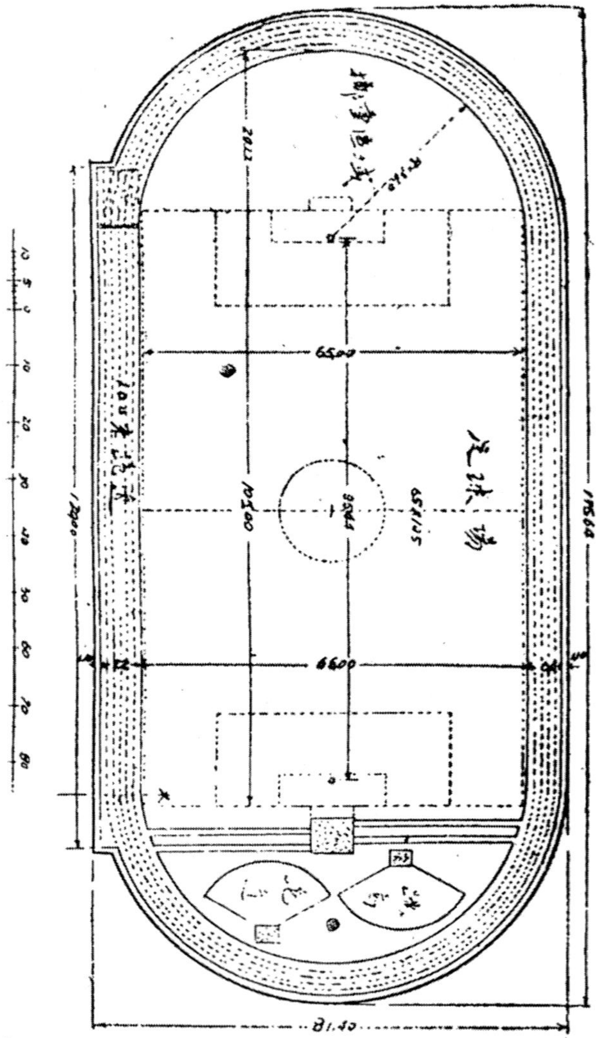

第三图

（二）两端为锐圆形

其顶端中央之圆弧所割之弦太短。欲筑四百米之跑道，必致十分窄长。中间之所含之足球场，亦必太嫌窄长。故两旁角上之曲线半径须放大，使跑道之左右径放宽（如第四图，长半径为六十米，短半径为三十米即此意也）。其计算如下：

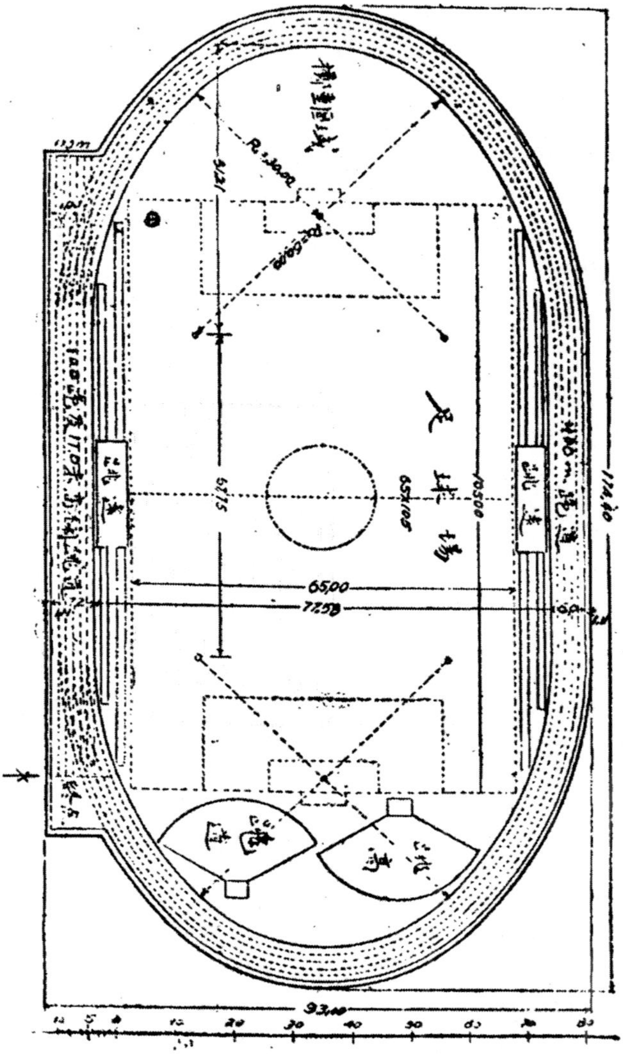

第四图

1. 角上之曲线为半径六米各动八分之一周（或四十度）之圆弧。全体有四角。故全体为 $4\times 1/8=1/2$ 周。因之，四角共长度为 $2\dfrac{1}{2}\times 60.30\times 3.14\times$ 189.342（米）。

2. 跑道两顶之曲线，为半径三十米各动四分之一周（或四十五度）之圆弧。

为全圆之 $2\times1/4=1/2$ 周。其长度共为 $1/2\times2\times30.30\times3.14=95.142$(米)。两端圆弧所有之曲线圆弧所有之曲线共长 = 284.484(米)。

3. 若跑道之总长为四百米,则两端圆弧间之直径各为 $(400-284.484)/2=57.758$(米)。

以上三种之外,尚有长方跑道,而在四角画有极锐之曲线者(半径只有七·五米),因转弯急促,惰性迫身体向跑道外抛掷,足使跑者之速度大减。采用者极少,其图从略。变通式对于此点,亦如正常式之合式,但其跑道之内,只能造六十五米宽之足球场,此其缺点也。

(原载《体育杂志》1929 年第 1 期)

体育建筑

一、跑道路线之画法

运动员在跑道上快跑,决不会切跑道内线而前进,故运动规则定跑之距离,以跑道内线相距一尺之线为标准。量跑道全体之长度,可先量内线,再加$2\pi\times$0.304 米$=1.91$米,即跑道之实长。设跑道之实长为 400 米,则其内线之长,当为$400-1.91=398.09$。欲量二百米之跑道,沿内线量二百米后,减去 0.954 米可矣(统两直角不论正常式或变通式均可通用)。设跑道弧线所绕之角度为角 d,则跑道内线当为$200-d/300\times2\times3.14$。麦克乐与涂羽卿曾在《体育季刊》第一卷第二期,登有求角与弧线半径之方法,既嫌繁琐,又少算学上之根据,兹另举直捷之方法如下:

(一) 求半径之方法:在跑道之曲段任作 AB 弦,其圆心必在此弦之垂直二等分 OC 线上。复由 C 点与 B 点连成 CB 弦,其垂直二等分线 OE 与 OC 之焦点 O,即为该跑道曲段之圆心。继由 O 点作二垂直线,OA 及 OF,与跑道之直段垂直,此弧线之两端,即在此 AF 两点上。故 OA、OF 间之夹角,即为此圆弧之角度。

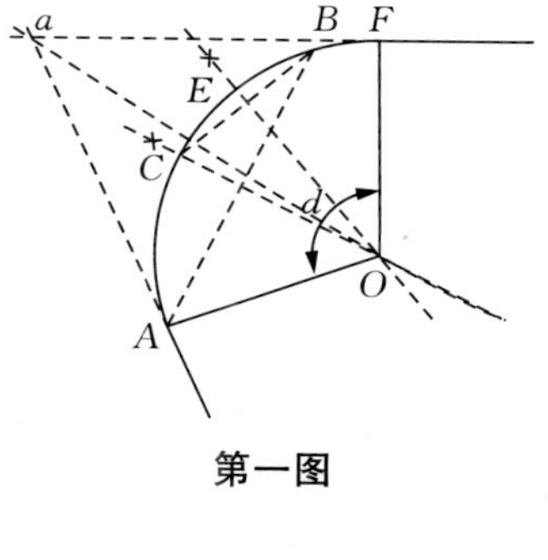

第一图

(二) 求 d 角之方法:引长跑道之两直段,而交于 a 点,则$\triangle aOF$ 为之三角形,而角 $aOF=d/2$,则 $\cos d/2=Oa/OF$。OF 为半径,上节已求出,Oa 之长可量得。

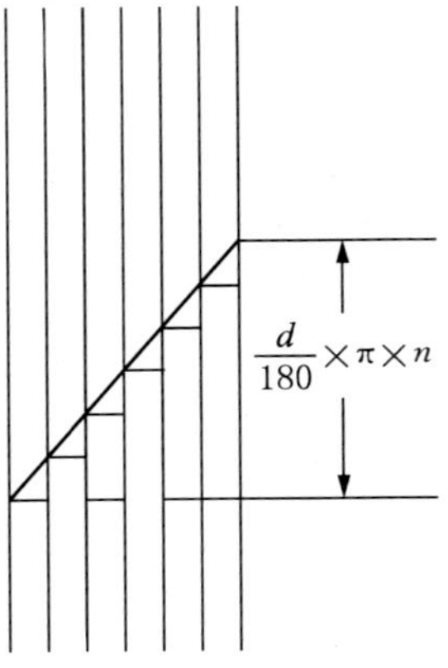

第二图

（三）二百米跑道线之画法：二百米跑道，如经过一个以上之转角，则外圈之起点，当在内圈之前，其多少依曲段之角及跑道之宽窄而定。如跑道之宽为 n，经过之角为 d 或经两角 $d+d$，则外圈之起点应提前 $d/180\times\pi\times n$ 米或 $d+d/180\times\pi\times n$ 米。

（四）低栏之位置：低栏之距离为一八·二九米，直段之低栏易于排列，量一八·二九米之距离可矣。至于曲段之低栏，则因其距离为曲线之距离，不便丈量，故量一八·二九米曲线，只有量其弦之一法。但此弦之长短，随曲线半径大小而定。因之跑道各路之弦线亦不同，可依下列之表推定之。

半径 米	一八·二九米之弦 米	半径 米	一八·二九米之弦 米
18	17.506	33	18.044
19	17.594	34	18.060
20	17.620	35	18.081
21	17.749	36	18.086
22	17.767	37	18.087
23	17.802	38	18.088
24	17.851	39	18.105
25	17.880	40	18.116
26	17.914	41	18.022
27	17.938	42	18.135
29	17.953	43	18.146
30	18.012	44	18.149
31	18.023	45	18.206
32	18.035		

设半径为十九米，跑道每路宽一米，则第一路之弦为半径二十米之弦，为一七·六二〇米；第二路半径二十一米之弦，为一七·七四八米，余可类推。

二、跑道曲段之倾斜度

短跑最高之速度为 100 米 12 秒，即每秒之速度为 8 秒米也。在正常式跑道大半径圆弧上，每米宽之高起尺寸，当为 $H = 82/9.81 \times 48 = 0.136\ m$；而小半径圆弧上每米宽之高起尺寸，当为 $H = 82/9.18 \times 24 = 0.27\ m$。

在户外跑道，实际上不能用是种斜度，因遇电雨或久雨，圈外高起部份之煤灰向内圈而移流，故跑道每米宽之高起，不得过六糎。德国柏林运动场之跑道，每米宽高起 4 糎，此细微之高度，觉颇有效力。在跑道直径之上，不可有向内之倾斜，但每米宽斜 2 糎，亦并不有损。在直径与弧形部份之间，超过之一段跑道，至少宽 5 米，长 10—15 米。至阔之处可达 15—20 米。因之，超过之一段不致与弧形部份重迭，则曲段虽在百米起点之前，终点之后，则百米赛跑，亦不致跑及倾斜之曲段。

关于跑道之倾斜问题，向不甚注意，据实验之结果，实有必须之处。人在弧形跑道上快跑时，虽心力迫身体向前推行，若跑道转弯太促而毫不倾斜，则无以反抗地心吸力，成绩为之减色。故室内跑道倾斜之度须大于以此。有人谓倾斜之度对于脚踏车及机器脚踏车是极紧要。对于寻常之跑道，可不必注意。此议有未尽然之处。人在慢跑之时，倾斜度之有无毫无关系，惟在快跑之时，则觉转弯极难，须赖倾斜之度，以助转弯，但其倾斜之度不必如公式算出之多，盖人体非呆板固定之器械，关节肌肉，多有伸缩余地，可以用斜体向内之姿势助转弯。

下图所以说明离心力量可以用倾斜调节之理。由图可知，离心力全由跑道倾斜所生之吸力对抗之，使身体弗致向外投掷，跑道而不倾斜者，只能用身体之偏向以反抗之。力量之耗费，即足使速度减慢。以下有一公式列出，凡脚踏车道及图机器脚踏车道，皆可由之计算，用坚硬之材料建筑，而人用之跑道用软材料建筑，在其内边。

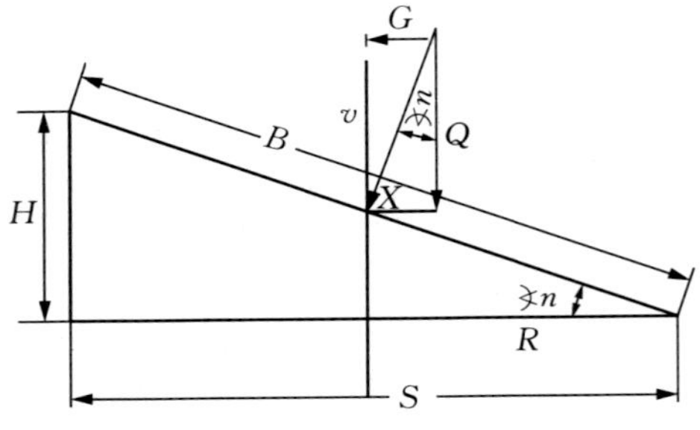

第三图

记号：

b. 跑道弧形部之宽，以米为单位。

h. 应高起之度，以米为单位。

s. 跑道宽之正射影，以米为单位。

n. 高起之倾斜角度。

Q. 运动身体之重量。

P. 离心力。

G. 地心吸力使物下落之速度(9.81 米)。

Y. 身体运动之速度，以秒米为单位。

R. 跑道弧形之半径。

(1) $P = Q \cdot v^2 / G \cdot r$

由上图跑者若在平衡情形之下，则必为

(2) $P \cdot y = Q \cdot x$,

以 P 之值代入用必为

(3) $Q \cdot v^2 \cdot y / G \cdot r = Q \cdot x$,

于是

(4) $Q \cdot v^2 / G \cdot r = Q \cdot x / y$

(5) $v^2 / G \cdot r = x / y$

(6) $x / y = h / s$

(7) 因 $S = 1$ 即 $h = x / y$

跑道建筑之计算表

沿跑道内边30米而量之跑道周围长度	跑道曲线之种类	曲段之半径	跑道周围		直段之长度	横径直径之大小		在跑道内长方形球场之大小
			两曲段之总长度	两直段之总长度		余均为六米宽	其一百十米之直段均为7.20米宽	
						直径	横径	
300	正常式跑道	$r_1 = 18$；$r_2 = 36$	152.68	147.32	73.66	128.66	68.20	50×90
325	同　上	$r_1 = 19$；$r_2 = 38$	161.06	163.94	81.97	138.75	71.20	55×90
	半圆形跑道	$r = 26$	165.24	159.76	79.88	146.08	66.20	50×90
333⅓	正常式跑道	$r_1 = 20.5$；$r_2 = 41$	173.63	159.70	79.85	140.55	75.75	60×90
	半圆形跑道	$r = 29$	184.10	149.24	74.62	146.82	72.20	55×90
350	正常式跑道	$r_1 = 21$；$r_2 = 42$	177.80	172.20	86.10	147.92	78.40	60×100
	半圆形跑道	$r = 32$	202.96	147.04	73.52	151.72	78.20	60×95
375	正常式跑道	$r_1 = 22.5$；$r_2 = 45$	190.38	184.62	92.81	157.53	82.90	65×105
	半圆形跑道	$r = 34.5$	218.64	156.36	78.18	161.38	84.40	65×100
400	正常式跑道	$r_1 = 24$；$r_2 = 48$	202.84	197.16	93.58	167.22	87.40	70×105
	半圆形跑道	$r = 36.35$	230.28	169.72	84.86	171.76	88.10	70×105
425	同　上	$r = 36.0$	228.00	197.00	98.50	184.70	87.40	70×110
450	同　上	$r = 36.0$	228.00	222.00	111.00	197.20	87.40	70×115

代入(5)x/y之值则

(8) $h = v^2/G \cdot r$

由此可知,水平面上一米宽之高起度,为跑速度之平方,以秒米为单位,除以跑道之径与下坠之加速度之积(二者亦以米为单位)。

身体在高起之处,跑时身体与道面垂直,身体亦与弧成正交。

身体运动之速度,若比高起所配定之速度大,则身体向下倾斜。(如第四图);反之,跑之速度,如比高起所配定之速度小,则身体向上倾斜之度比与斜面之垂直线(如第五图)。赛机器脚踏车时,可观察驾驶者之身体与倾斜道面垂直之线所成之倾斜角,亦有正负之不同,车走慢则成负角,反之则成正角,故车与身体有平直之分。此倾斜之角(如第四图、第五图之 n)之大小视道面之性质而定,面愈粗糙,或摩擦力愈大,则此角可愈大。无此摩擦力,则车必向内或向外倾倒,水泥道,此倾斜角度可至 18 度,故速度增加,倾斜之度不可与之俱增。

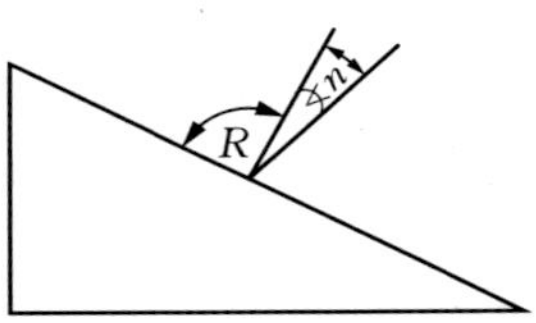

第四图

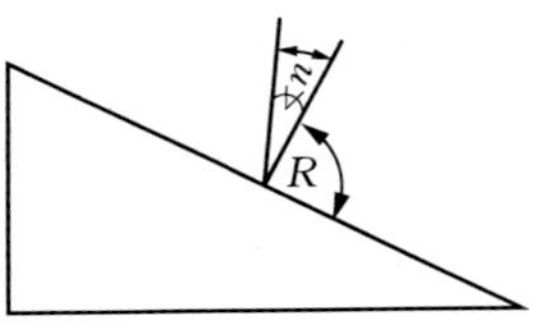

第五图

(原载《体育杂志》1929 年第 2 期)

二百公尺跑及四百公尺中栏与四百公尺跑之出发点之计算问题

一、二百公尺跑之出发点之计算

二百公尺跑若在一二百公尺直道上跑，各人之出发点均在一直线上；若二百公尺在曲段上跑而经一百八十度或经任何角度者，则最内一路之人与最外一路之相差，当依 Ld/180×π×(n－L)之公式计算。Ld 为任何角度，π 为圆周率，n 为跑道之宽，L 为一路之宽(普通为一公尺二十，亦有为一公尺者)。跑道之内边与外前后之相差，依 Ld/180×π×n 之公式计算。虽然，依照规则，最内一路之人之所跑之距离，系离内边三十公分而量，而内圈第二路一人所跑之距离，则沿其距内线二十公分之线而量，并非亦如最内一路之人距内边三十公分而量。故假定每路之宽为一公尺二十，则内圈向外第二与第三第四第五第六各路之出发点，前后依次各差 Ld/180×π×1.2，惟最内第一路与第二路之差则为 Ld/180×π×[1.2－(30－20)]＝ Ld/180×π×0.1。设曲线经一百八十度，其相差当为 3.14×0.1，其与第三路之差则为 Ld/180×π×{1.2＋[1.2－(30－20)]}，余与第四第五第六依次类推。即第二至第六各路，均须较 Ld/180×π×n 公式所算之出发点退后 Ld/180×π×0.10。故划发点之时，先照本人著之《体育建筑及设备》第六十九图之方法划地(如图一)，次将第二以上各路之出发点各退后 π×0.1＝3.141 6×0.1＝3 141 公尺，再作第二道修正出发线(如第二图)。

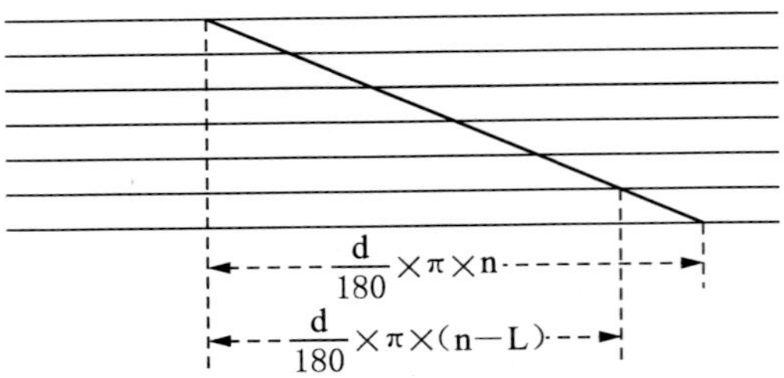

第一图

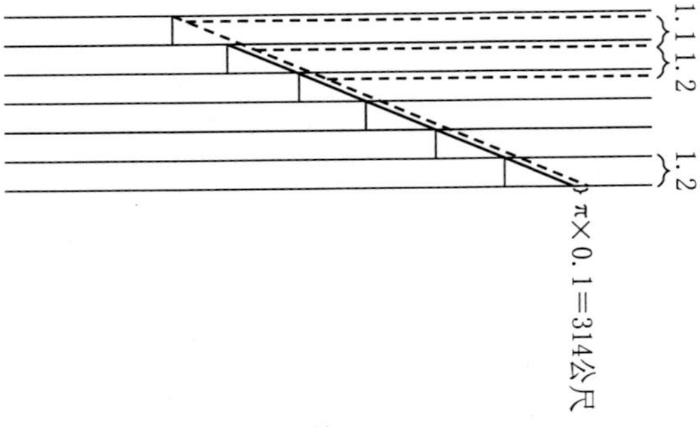

第二图

二、四百公尺中栏与四百公尺跑出发点之计算

四百公尺项目在马蹄形跑道上跑，则经一百八十度，若须绕跑道之一周，则经三百六十度，此时跑道之内边，前后之相差，当为 $360/180\times\pi\times n$。若跑道宽七公尺二十分，为六路，则内边与外边之差当为 $360/180\times3.14\times7.2=45.22$。每路相差为 $360/180\times3.14\times1.2=7.540$。自第二路起及以外各路均须退后 $360/180\times3.14\times0.1=628$ 公尺，其理与二百公尺同。

三、起点问题之解答

在本年福建体育暑期训练班，某学生问，谓若跑道为五百公尺，跑四百公尺时，出发点有在屈段上之可能，则各人之出发点将如何设置？答：在此种场合，第一步须求最内圈一人之出发点，四百公尺共绕几何度。此可应用吴著《体育建筑》第六十八及六十九图之方法，求得之。既得绕过之度数，则依 $Ld/180\times\pi\times n$ 之公式，求出跑道内边与外边前后之总差数。然后除以路数，即得各路前后相差之数；第二步求曲段之半径，再从全国体育协进会出之《体育季刊》第三期，王著《跑道曲线上各种弧与其弦之长度对照表》上查得相差数之弦之尺寸，从圆弧上量其弦可矣。此在半圆形跑道上为然；若在盘曲式跑道上，则不适用。因此式之跑道半径有两种，各路出发点相差之尺寸，有跨两种半径圆弧之可能，上法不适用。若为简便起见，可用死量之方法。此种呆板方法，虽不合科学，然亦有合式之方法，即在弧形石灰线上，密插小钉(每个距离三四吋)，以皮尺沿钉量之大致不误。

（原载《体育季刊》1935 年第 1 卷第 4 期）

（九）体育刊物卷首语

本刊之使命

吾国提倡新式体育，二十年于兹矣。体育刊物罕如鸿毛，其绝无而仅有者，十年前首推麦克乐氏主编之《体育季刊》。麦氏籍美通华语，精理论，赖其良好之根底，凭其平生教学之经验，益之以丰足之资源，加之以健全而奋勉之助手，故能一人支持三载，编辑有百万余言之多。今开卷捧读，犹觉贡献之伟大。其后继《体育季刊》而起者，北京有《体育》，南京有《中大体育杂志》，属不定期刊物，相隔之时间太多，加之内容非失之空泛，即失之肤浅，不如《体育季刊》材料之受人欢迎。民国二十一年夏，北平体育同志纠合南北体育人士，组织体育改进社发行《体育季刊》前后共出四期材料之丰，选择之精，推行之广，不让麦氏主编之物，徒因经济竭缺，中止发行，至为可惜。今全国体育协进会编辑体育刊物袭《体育季刊》之旧名，其用意为远续麦氏所编《体育季刊》，近继体育改进社所出之季刊，故本刊之惟一使命亦在此。虽然麦氏之《体育季刊》属于教育改进社，其功用纯系介绍学说，研究学理，供给材料。体育改进社之《体育季刊》用意在便社员之消息，发表个人言论，报告教学心得，其功用与前者相仿。本刊隶属全国体育协进会，其功用非仅研究体育学术，供给材料，发表言论等而已，其使命尚有以下数种：

一、倡导体育思想

理想为成功之母。事之缺乏思想者，决乎难其有成。吾国今日之体育，究竟根据何种中心思想，能道之者固少，知之者亦不多。所谓学校体育，民众体育，军士体育，非出之盲从，即出诸因袭。考其原因，皆全国体育无中心刊物作思想之倡导为之也。况国家之需要，随外交之关系，经济之状况，政治之情形，时时起改变。欲体育之能应国家之需要，须急起直追，随时改进，庶可免落伍之讥，否则南辕北辙，背道而驰，不但进步迟缓，目标难建，且恐意见分歧，互相掣肘，致结果与目的有相反者，岂不大可惜耶！故提倡统一之体育思想，为本刊重要使命之一。

二、沟通各区体育消息

吾国幅员至广，交通阻塞，地方体育，消息难通。近虽有记者之采访，报章之披露，然范围局都市之间，新闻限运动之类，至于地方体育之状况，体育行政之情形，谁为之调查，谁为之报告，即或有省体育视察代而为之，而因行政范围之不同，披露之不得其所，发行之不以其道，推广之不尽其能，消息其何由得达之四方耶？况国家之需要，随外交之关系，经济之状况，政治之情形，时时起改变。欲体育之能应国家之需要，须急起直追，随时改进，庶可免落伍之讥，否则南辕北辙，背道而驰，不但进步迟缓，目标难建，且恐意见分歧，互相掣肘，致结果与目的有相反者，岂不大可惜耶！故提倡统一之体育思想，为本刊重要使命之一。

三、沟通世界体育消息

今日之世界，海陆空交通之世界也。交通愈便利，各国之关系愈密切，一国与他国之影响宜愈多，而一国之政治，经济，教育，实业，愈应合世界之潮流。体育亦然。一方故应国家之需要，一方亦应顺世界之潮流。是故体育人士，宜放大眼光，广读各国体育新闻，研究各国体育之学说，否则闭门造车，即曰能应一国国家一时之需要，然只能应闭关时代国家之需要，而不能应海陆空交通时代之需要。盖人倡运动，我不能专攻国术，人参加世界运动会，我不能袖手作壁上观。故当今世界之体育，不能不谋与世界周旋，欲与世界周旋，须知世界体育消息，欲知消息，舍正当之刊物，其道何由，是故沟通世界体育消息，亦为本刊使命之一。

四、公布修改之规则

运动及球类之规则，有数年而有改变者，有逐年改变者。从前本会往往披露于报端，即为尽人事，不知报章上之登载，属临时权宜之计，缺乏永久质性，势难令人周知。即印单行之本，则页数不多，保存不易。若登他种刊物，则性质不类，恐难引人注意。欲谋一举而两得之策，惟有登定期体育刊物，以收公布之实效。故公布改修规则，亦为本刊使命之一。

以上诸端，系荦荦大者，尚有他种轻微之使命，限于篇幅，未遑赘述。

（原载《体育季刊》1935 年第 1 卷第 1 期）

第二卷卷头语

本刊年出四期，第一期为一月，第二期四月，第三期七月，第四期十月。本卷之第一期应在一月中出版，所以滞至今者，不能不为读者诸君告。本人之任主编原定任期一年，而有试办性质。在过去一年中，稿子之来源不甚丰富，本人竭力鼓吹，赖诸同志之协助，幸未陨越。乃近来本人在各方兼名誉职至多，工作益觉忙碌。去年年底，曾向协进会声明本人任期已满另聘他人继任。徒因董事年会未能早开，主编一席虚悬多时。及本年一月二十七号年会议决仍推本人为主编，而第一期出版之期已将过矣。延误之理由，读者诸君谅能谅解。

（原载《体育季刊》1936 年第 2 卷第 1 期）

后　记

2018年5月，上海市社会科学界联合会评选出首批68位“上海社科大师”，吴蕴瑞先生入选其中。同年11月，学校举办“大师之路——上海社科大师、著名体育教育家、上海体育学院首任院长吴蕴瑞生平展”。在这次展览启动仪式上，吴蕴瑞先生家属代表与学校交接了吴蕴瑞先生作品汇编授权书，上海人民出版社与学校签署了出版合作协议，协作出版《吴蕴瑞全集》。

学校高度重视全集出版工作，由党委宣传部具体负责牵头实施，同时得到了多方大力支持。学校图书馆提供了珍藏的原版专著用于编校，使吴蕴瑞先生专著最后版本得以收录。学校匡淑平教授为全集提供了部分文章目录。学校档案馆副研究馆员贾颖华为收集吴蕴瑞先生文章付出了很多努力，完成了大部分文章的整理工作。上海图书馆文献服务部也提供了重要支持。学校舒盛芳教授为文章排版分类提供了宝贵的意见。在此一并感谢。

上海体育学院

图书在版编目(CIP)数据

吴蕴瑞全集/上海体育学院编.—上海:上海人
民出版社,2022
(上海社科大师文库)
ISBN 978-7-208-17581-5

Ⅰ.①吴… Ⅱ.①上… Ⅲ.①吴蕴瑞(1892-1976)
-全集 Ⅳ.①C52

中国版本图书馆CIP数据核字(2022)第003789号

责任编辑 陈佳妮
封面设计 汪 昊

上海社科大师文库
吴蕴瑞全集
上海体育学院 编

出 版 上海人民出版社
(201101 上海市闵行区号景路159弄C座)
发 行 上海人民出版社发行中心
印 刷 上海世纪嘉晋数字信息技术有限公司
开 本 720×1000 1/16
印 张 71.5
插 页 21
字 数 990,000
版 次 2022年10月第1版
印 次 2022年10月第1次印刷
ISBN 978-7-208-17581-5/G·2103
定 价 488.00元(全四册)